LA INTERPRETACIÓN DE LOS SUEÑOS

LUZ TAMBASCIO

LA INTERPRETACIÓN DE LOS SUEÑOS

LUZ TAMBASCIO

ARCANA

LA INTERPRETACIÓN DE LOS SUEÑOS

Ilustración y diseño de cubierta: Daniel Jurado

Edita: Olmak Trade S.L.
C/ Roca Plana 1
08110 - Montcada i Reixac
Barcelona (España)

www.olmaktrade.com
info@olmaktrade.com

Impreso en España / Printed in Spain

I.S.B.N: 978-84-10109-75-9
Depósito Legal: B 22599-2024

INTRODUCCIÓN

Al tratar de las relaciones del sueño con la vida despierta y del origen del material onírico, vimos que tanto los investigadores antiguos como los más modernos han opinado que los hombres sueñan con aquello de lo que se ocupan durante el día y les interesa en su vida despierta. Este interés, que de la vida despierta pasa al estado de reposo, habría que bastar para explicar el origen de todas las imágenes oníricas.

FREUD

FREUD Y SUS DISCÍPULOS ANTE EL MISTERIO DE SOÑAR

El padre del psicoanálisis, Sigmund Freud y sus discípulos ilustres: Rank, Steckel y Jung, quienes luego formarían sus propias escuelas y técnicas psicoanalistas, buscaron una explicación trascendental en el sueño y para el sueño.

Jung revive en su moderna escuela psicoanalista la antigua concepción cultural del sueño que indicaba que en el acto de soñar existía una comunicación directa con un «ente» superior.

Para Jung, el sueño revestía un carácter de especial comunicación con fuerzas supranormales. De acuerdo a las interpretaciones de Jung, los grandes sueños, los premonitorios y los proféticos, serían la expresión de las antiguas revelaciones divinas del hombre.

Acepta Jung que en los sueños evoquemos hechos anteriores a nuestra propia existencia.

Otro discípulo de Freud, Steckel, fue quien compuso el primer diccionario de los sueños y Rank, entre todos los seguidores del gran maestro, fue quien más se dedicó a estudiar los sueños.

Freud dejó especialmente clasificado que soñar es una regresión a nuestra infancia, a la vida uterina, filogénica, y llega al principio del desarrollo de la raza, desarrollo que no es un fenómeno individual precisamente, sino la representación sintética de las circunstancias accidentales de la vida.

Por eso, soñar no es sólo una desintoxicación, un descanso, sino que es la forma natural de fotografiarnos a nosotros mismos en consciente subconsciente, pasado, presente y futuro, e historia humana.

Los antiguos asignaban a los sueños una importancia divina, ya que consideraban que ellos eran mensajes enviados por los dioses para comunicarse con los simples mortales a fin de guiarles y prevenirles.

La Biblia está plagada de todo tipo de sueños, al parecer, mensajes directos de Jehová o de sus ángeles.

Por su parte, los dioses griegos, tan inclinados a participar de la vida cotidiana de los mortales, enviaban mensajes en sueños que debían ser descifrados de los símbolos que representaba la vivencia onírica. Pero aquellos dioses griegos tan comunicados con las riberas del Egeo y las altas cumbres del monte Olimpo, también solían mandar mensajes falsos o fraudulentos con el ánimo de molestar, castigar o reprender al soñador. Otras veces les animaba el deseo de venganza.

Si las viejas teorías judías que pasarán luego a ser basamento de los fundamentos del cristianismo, aceptaban que el hombre había sido hecho a imagen y semejanza de Dios, los griegos habían hecho a sus dioses a semejanza de ellos mismos.

Homero, el gran poeta de los griegos antiguos, nos cuenta en la *Ilíada* cómo el rey Agamenón fue castigado por Zeus, que en sueños le dio una falsa información del futuro. Zeus, enfadado con Agamenón, le indujo, por medio de un mensaje onírico, a que fuera confiado a lograr la toma de Troya.

Como es sabido, fue para Agamenón una lucha dura, difícil y sin el triunfo esperado, que tan fácil se presentaba en el sueño. El sueño de Agamenón había sido interpretado por su oniromante, que, dado las características del mismo, pensó que indicaba el éxito del rey en la toma de Troya. Pero se trataba tan sólo de una mala e infantil jugada de Zeus.

Creso, rey de Lidia, según nos relata el historiador Herodoto, recibió un anuncio en sueños, en él se le decía que su hijo dilecto, llamado Atis, moriría atravesado por una lanza. Preocupado Creso por el futuro de su hijo, considerado uno de los guerreros más valientes e inteligentes de su tiempo, le ordenó que se retirara de la vida militar y que viviera en la restricción más absoluta. Cerca del joven príncipe no debía haber armas de ningún tipo, ni objetos punzantes. Atis se sintió frustrado, disminuido, y su vida era monótona y anónima. Esto fue convirtiéndolo en un hombre nervioso, inseguro, angustiado.

Un día, agobiado por el cautiverio en la jaula de oro del palacio de Creso, solicitó a su padre que le permitiera asistir a una cacería. Tanto insistió el joven Atis, que el rey de Lidia le otorgó el permiso, pero con una condición: a la cacería del jabalí debía ir escoltado por fieles servidores y bajo la tutela del más experimentado soldado del reino. Este soldado era el fiel Adrasto.

Pero ocurrió un accidente fatal, los jabalíes rodearon de pronto y sorpresivamente al joven Atis y a su tutor Adrasto. El soldado disparó su jabalina sobre uno de los animales que se abalanzaba hacia ellos, pero desgraciadamente ésta rebotó y fue a herir de muerte al joven Atis.

Se cumplía así el sueño del rey Creso.

Como se ve, de nada sirvió el anuncio y lo que estaba dispuesto —en caso de estarlo— se cumplió fatalmente. Pero cabe señalar que la psicología moderna, al estudiar este caso y otros similares, tiene en cuenta el acondicionamiento o programación psíquica. Según las técnicas de psicoanálisis moderna, la obsesiva idea del rey Creso respecto a la posibilidad de muerte de su hijo, hizo que Adrasto, nervioso por la responsabilidad impuesta por su soberano, inconscientemente realizara lo tan temido. O sea, ejecutara, en una programación subconsciente, la fantasía onírica de Creso. Esto quiere decir que el fiel servidor, al obsesionarse ante la idea de la muerte de Atis, provocará la realización concreta del sueño.

Freud, en su libro *La interpretación de los sueños,* dice refiriéndose a las fuentes de estímulos:

> Al tratar de las relaciones del sueño con la vida despierta y del origen del material onírico, vimos que tanto los investigadores más antiguos como los más modernos han opinado que los hombres sueñan con aquello de lo que se ocupan durante el día y les interesa en su vida despierta. Este interés, que de la vida despierta pasa al estado de reposo —los estímulos actuales durante el mismo—, habrían de bastar para explicar el origen de todas las imágenes oníricas.
>
> Pero también hemos hallado una opinión contraria: la de que el sueño aparta al hombre de los intereses del día y que, por lo general, sólo soñamos con nuestras más intensas impresiones diurnas cuando las mismas han perdido ya para la vida despierta el atractivo de la actualidad.

Sigmund Freud, según retrato de Ben Shahn

LUZ TAMBASCIO

PRIMERA PARTE

CAPÍTULO PRIMERO

LOS SUEÑOS REPETITIVOS Y LOS SIMBÓLICOS

Hay numerosos sueños que se clasifican como repetitivos y que son comunes a muchas personas, por ejemplo los sueños angustiosos en los que se pierde un transporte (tren-autobús-avión-barco, etc.), los sueños de desnudez, los sueños con ascensores que suben o bajan en forma de espiral o diagonal, ascenso y descenso de escaleras, aparición de espejos, y los sueños que el soñador es impedido de caminar o avanzar o bien, por el contrario, vuela desplazándose serenamente por el aire.

Están también los sueños de símbolos sexuales y los simbólicos propiamente dichos.

También es común soñar y en forma repetitiva con las fuerzas de la naturaleza, como por el ejemplo: con el Sol, el fuego, la Luna… la Tierra. El hombre sueña con estos elementos, de los que depende de alguna forma y a los que está ligado en su vida despierta y también en su sueño.

LOS SUEÑOS TÍPICOS

Merecen una especial atención, ya que proceden en todos los soñadores de fuentes probablemente idénticas. Esta circunstancia los hace sumamente adecuados para buscar en ellos un esclarecimiento de las fuentes oníricas.

Como ya dijéramos anteriormente, entre los sueños típicos y repetitivos está el de soñar que se vuela, el sueño del examen, la pérdida del tren, el avergonzamiento de la propia desnudez, etc... Otro de los sueños llamados típicos es el de la muerte o pérdida de una persona muy querida.

Veamos primeramente uno de los sueños más comunes; el aparecer desnudo ante el mundo exterior o ante uno mismo.

1. La desnudez en los sueños.

Es uno de los sueños más comunes. El soñador (hombre o mujer) camina desnudo por una calle céntrica repleta de gente, o en el hall de una estación de tren atestado de viajeros, o en una plaza pública. Por lo general el sueño de la desnudez transcurre en lugares públicos y llenos de gente que observan al protagonista. Otra de las vertientes de este sueño típico es que la gente, en lugar de advertir al personaje en cuestión, pase a su lado sin percatarse de su presencia y desnudez.

En este caso (el de que la gente pase a su vera sin percatarse de su desnudez) suele representar un clima anterior.

El sueño de verse desnudo y caminando por la vía pública, siendo observado por los demás transeúntes, simboliza que la persona se «siente al descubierto» y expuesta a la mirada, crítica y censura de los demás. Suele representar un sentimiento de inferioridad, timidez y la sensación de sentirse observado en lo más íntimo.

De los sueños de exhibicionismo o desnudez dice Freud lo siguiente: «El sueño de hallarnos desnudos o mal vestidos ante personas extrañas suele surgir también sin que durante él experimentemos sentimiento alguno de vergüenza o embarazo. Pero cuando nos interesa es cuando trae consigo tales sentimientos y queremos huir o escondernos, siendo entonces atacados por aquella singular parálisis que nos impide el movimiento y nos deja impotentes en el acto de poner término a la penosa situación en que nos hallamos. Sólo en esta forma constituye este sueño un sueño típico, aunque dentro de ella puede el nódulo de su contenido quedar incluido en los más diversos contextos y adornado con toda clase de agregados individuales. Lo esencial en él es la penosa sensación de vergüenza y la imposibilidad de ocultar nuestra des-

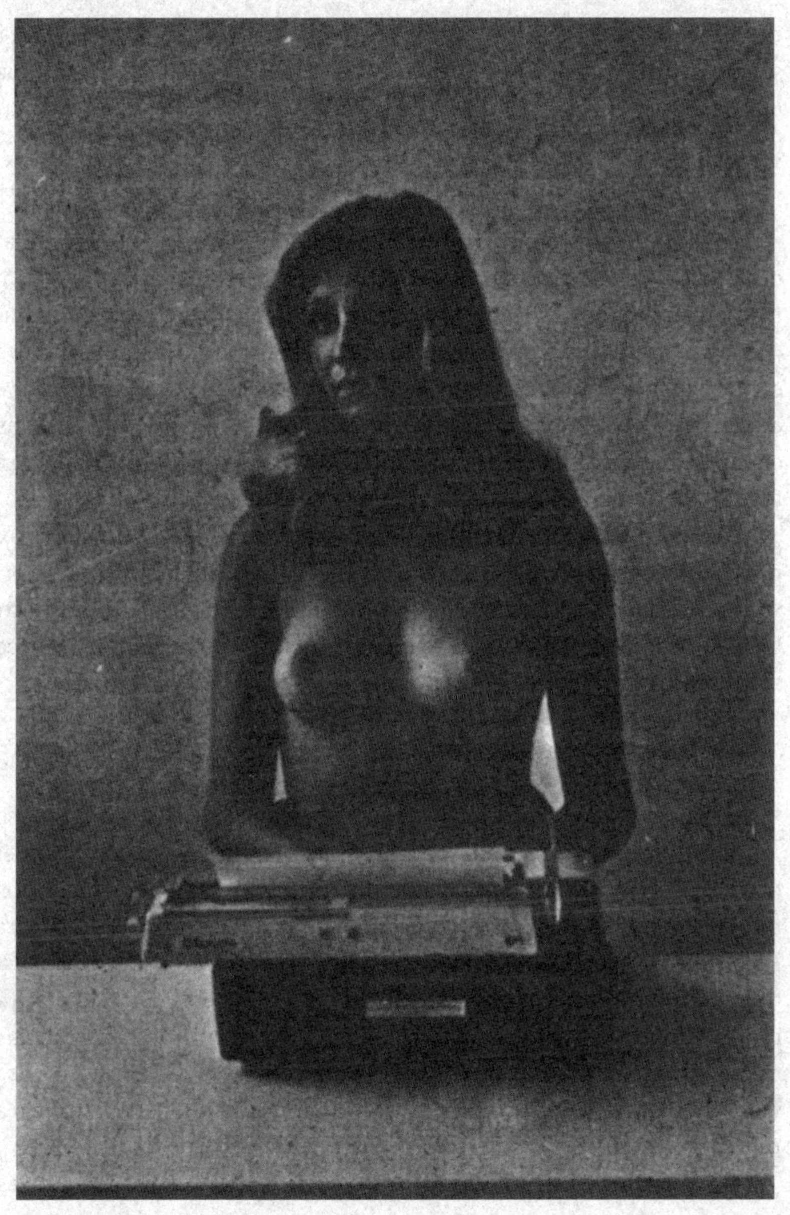

Es común soñar que se está desnudo ante personas extrañas

LUZ TAMBASCIO

nudez al no poder salir corriendo, como generalmente deseamos en el sueño. No es muy aventurado decir que la mayoría de las personas suelen tener alguna vez este tipo de sueños».

2. Las escaleras (ascenso y descenso).

Se vincula estrechamente con los grandes símbolos: subir-bajar, en el orden espiritual del término.

La escalera en los sueños nos permite saltar hacia arriba, algo así como partir en busca de la luz y la verdad. Pero también podemos descender, al igual que Orfeo, hacia las tinieblas, lo confuso, es decir ir al encuentro del camino oscuro de nuestros instintos y nuestro subconsciente. Este es un símbolo importante y no se debe analizar aisladamente, sino con referencia al contexto total del sueño.

En la escuela psicoanalítica de Jung, el sueño de las escaleras expresa el tránsito de un estado a otro. Para Freud en cambio, el ascenso de la escalera representa la erección, si el que sueña es un hombre. El descenso, en caso de ser una mujer la de la vivencia onírica, significa freudianamente una actividad sexual normal.

3. El clásico sueño del examen.

La mayoría de los estudiantes suelen producir este sueño angustioso. Temen no estar preparados y no aprobar el examen. Suelen también perder la memoria de lo estudiado repentinamente o extraviar el portafolio donde llevaban las páginas escritas para ser calificadas, etcétera. Aun siendo ya académico, profesional o habiendo dejado definitivamente los estudios, este sueño suele estar presente en forma reiterativa, representando los castigos que se nos asignaron en nuestra infancia a raíz de nuestros errores o fallos, y es ello lo que revive en nosotros y viene a enlazarse a los dos puntos culminantes de nuestros estudios, al *dies irae, dies illa* de los rigurosos exámenes.

Terminados nuestros estudios no son ya nuestros padres, maestros, profesores los que castigan nuestras faltas, sino la vida quien toma, con su inexorable concatenación casual, la continuación de «nuestra educación». Y es por eso que estos sueños de exámenes, después del período de estudios, se presentan en los momentos trascendentales, cuando tenemos miedo que algo salga mal, cuando creemos que quizás erremos en la acción o bien que no hemos puesto el esfuerzo y los medios suficientes adecuados para la consecución de un fin deseado.

Concretamente, este sueño suele presentarse cuando tenemos sobre nosotros una responsabilidad importante.

4. La casa.

Es común soñar con la casa de nuestra infancia, con nuestra casa o vivienda actual o con una casa de características determinadas.

La presencia de *la casa* en la composición de los sueños tiene una significación amplia y variada y hay que tener en cuenta el contexto general del sueño. Para Jung, la casa simboliza el Yo, sus diferentes habitaciones los variados aspectos de la personalidad del soñador y lo que sucede en la casa del sueño debe —según Jung— ser analizado en correspondencia simbólica con los hechos reales de la vida del sujeto.

Para Freud, las casas que aparecen en sueños, en sí, representan un marcado simbolismo femenino.

Se puede decir que lo que sucede en la casa que aparece en los sueños y el estado de la casa en sí, representa lo que le está sucediendo a uno y al entorno. La casa, según la idea freudiana, tiene una representación femenina-maternal. La madre según el concepto general representa protección y la mujer amor, dulzura. Pero hay que valorar en estos sueños si se trata de una casa conocida o de una casa desconocida y que no sucede en nuestra permanencia en esa casa.

5. El vuelo en los sueños.

¿Quién no se ha visto volando en sueños? Casi todo el mundo ha soñado alguna vez que volaba o que flotaba en el aire con absoluta naturalidad.

Según las teorías de Freud, con la que coinciden los más modernos psicoanalistas actuales, el vuelo en sueños es uno de los disfraces más representativos y comunes con que se presenta en la vivencia onírica la actividad sexual. El viaje por los aires, ya sea planeando o deslizándose velozmente, ascendiendo o como si fuéramos llevados por un ala Delta, son desplazamientos que podrían producir sensaciones extáticas o agradables como las que nacen de la actividad sexual. Para los seguidores de Jung en cambio, el volar en sueño, además de las implicaciones eróticas, podría también simbolizar la necesidad y sensación feliz de libertad y el escape del mundo común a un plano superior.

6. Duelo y muerte o noticias de muerte de seres queridos en sueños.

El duelo en sueños se relaciona estrechamente con una situación personal y sirve al soñador para autoanalizarse.

En las técnicas freudianas, la muerte del padre en sueños simboliza la expresión clara del *complejo de Edipo* o sea, verse libre de la presencia obstaculizadora paterna en relación con la posición de la figura materna.

Para Jung, es una necesidad de independencia activa y un deseo del sujeto de realizarse totalmente, desarrollando al punto máximo su personalidad.

Es interesante aclarar que estos sueños con relación a la muerte del padre suelen presentarse en hijos que se llevan magníficamente con el padre.

Respecto a los sueños de muerte de personas queridas, Freud dice:

«Cuando alguien sueña sintiendo profundo dolor en la muerte de su padre, su madre o alguno de sus hermanos, no habremos de utilizar este sueño como representación de que el sujeto desea *en la actualidad* que dicha persona muera. La teoría del sueño no exige tanto. Se conforma con deducir lo que ha deseado alguna vez en su infancia. Temo, sin embargo, que esta limitación no logre devolver la tranquilidad a aquellos que han tenido sueños de este tipo y que

Carl Jung, discípulo predilecto de Freud

negarán la posibilidad de haber abrigado alguna vez tales deseos, con la misma energía que ponen en afimar su seguridad de no abrigarlos tampoco actualmente.»

Según las teorías de Freud, los niños son egoístas y sienten con mayor intensidad sus necesidades y quieren satisfacerlas sin consideración de nadie y, por supuesto, menos aún de los demás niños, sus directos competidores, entre los que se encuentran en primer plano y en forma ultradestacada sus hermanos.

Es muy común en los niños de tres o cuatro años el deseo de que «la cigüeña se lleve otra vez al hermanito» o que le tenga celos muy manifiestos. Esto no quiere decir en modo alguno que el niño tenga instintos perversos o asesinos, sino que como recalca Freud, el niño comprende dentro de su capacidad todos los inconvenientes que la presencia del hermanito trae consigo para que él siga cumpliendo en el núcleo familiar un rol protagónico absoluto.

Niños celosos y que rivalizaron en la infancia, de adultos lograron con sus hermanos la más armoniosa de las relaciones familiares. Pero de todos modos, como bien indica Freud: «Los sentimientos de hostilidad de los niños pequeños contra sus hermanitos suelen ser más frecuentes de lo que la poco penetrante observación de los adultos llega a comprobar».

También es importante recordar que cuando el niño va creciendo se acostumbra a la de idea de compartir las cosas con sus hermanos: si es niña puede sentir ternura maternal por ellos y si es varón la necesidad de protegerles.

LOS SUEÑOS DE SÍMBOLOS SEXUALES

Cuando se trata de comprender los sueños es absolutamente imprescindible dejar a un lado todos los tabúes y las falsas actitudes de pudor. Los sueños deben verse como lo que son, manifestaciones naturales, y cuando se los examina hay que hacerlo con total objetividad. Con los sueños sucede lo mismo que con el subconsciente, que no es moral ni inmoral. Es simple y llanamente como es. Los sueños de símbolos sexuales se dividen en femeninos y masculinos.

Hacer una reseña de todos los símbolos sexuales sería prácticamente imposible, ya que el psicoanálisis según Freud entiende que todo tipo de sueño tiene un contenido de orden sexual.

Los sueños sexuales suelen, en la mayoría de las veces, representar una inquietud o necesidad genital temporaria o del momento.

La presencia de lo sexual en los sueños no siempre está ligada a la insatisfacción continuada, a la presión sexual, a la continencia, o bien a un deseo pasajero instintivo, sino que también tiene que ver con la idea de vida, ya que lo sexual es fundamental y definitivo en la procreación. Es por eso que el *falo* fue utilizado en las antiguas civilizaciones como símbolo de vida y fuerza.

Los sueños con penes en erección aparecen pocas veces en los sueños y son suplidos por los símbolos.

Los símbolos femeninos de la sexualidad suelen relacionarse con la tierra, con los orificios, y con todo aquello que se pueda fecundar o penetrar.

Pero en estas vivencias es el miembro viril un protagonista destacado, ya que representa el principio vivo, la acción y la fecundación.

1. Las representaciones oníricas del falo o miembro viril.

Lanzas, espadas, bastones, espárragos, plátanos y torres suelen representar la presencia de la sexualidad masculina en el sueño. Otros símbolos de la sexualidad masculina están representados por determinados animales, por el agua que hace germinar lo que se sembró y también por el arado viejo, símbolo que dispone la tierra para la siembra y fecundación.

2. La representación onírica del sexo femenino.

Las cuevas, los orificios, la tierra... un jardín pleno de armonía y belleza que recuerde el paraíso de Eva, símbolo de la mujer. Y además todo lo que tenga que ver con la humedad, lo que sea profundo y húmedo representa el órgano femenino. Los cálices de las flores, las copas, los cuencos, son símbolos de la vagina femenina.

Todos los sueños de origen simbólico sexual merecen un atento estudio y no se deben rechazar estas simbologías, sino desentrañarlas en nuestro favor y mejor desarrollo de nuestra personalidad.

LA SIGNIFICACIÓN DE SOÑAR CON LAS FUERZAS DE LA NATURALEZA

Los sueños se desarrollan simbólicamente porque son la expresión de una vida psíquica profunda que utiliza el mecanismo del símbolo para expresarse. La lógica de lo consciente desaparece en el sueño porque éste es un fenómeno ligado al subconsciente. La simbología onírica nos lleva al destiempo, fuera de la medida cotidiana del tiempo, hacia un plano infinito alejado de los límites de la razón.

1. El sol, el primer representante de las fuerzas naturales.

Es la representación de la energía y cuando surge en la vivencia onírica es indicio claro de acción, vitalidad, salud y fuerza creativa. También representa la sexualidad, en su fase más positiva. El sol en sueños es siempre la clara representación de nuestra fuerza creadora en pleno desarrollo y también de nuestra autoconciencia.

2. El fuego.

La fuerza representativa de fuego es múltiple en los sueños. En sánscrito el fuego es llamado Teja y, a la vez, esta palabra o expresión abarca la vitalidad, la luz, la fuerza espiritual y el semen fecundador.

Cuando se sueña con fuego se está en contacto con las grandes potencias de nuestra psique.

El fuego, que transforma la materia por fusión, se presenta también como símbolo de los elementos purificadores.

Cuando se sueña con fuego, intenso, en combustión, es que nuestra psique ha ganado en energía, pero si, por el contrario, el fuego es devastador, destructivo o infernal, es una alerta con respecto a un peligro interior. Y, en este caso, hay que buscar el aspecto destructivo interno que su consciente no pudo captar, pero sí lo ha reconocido su inconsciente.

3. La luna.

En la astrología, en diversas mitologías y religiones antiguas la luna es la representación de la mujer. La luna encarna lo femenino, la gestación, también lo mutable, por sus fases, lo nocturno y secreto.

Es común soñar con noches de luna brillante, con lunas ensangrentadas o, inclusive, soñar que se ve caer la luna. Carl Gustav Jung, en *Lo ancestral del ser humano,* dice que siete de cada diez personas han soñado alguna vez con la luna, y esto significa la representación del inconsciente colectivo.

La luna en sueños es importante y su representación común a muchos, como hemos visto por su estrecha ligazón con la dinámica de la vida. La gestación y fecundación tiene directa relación con las fases lunares.

4. La tierra.

Nada más representativo, además del sol, significador de la vida en las antiguas culturas, que la madre tierra. La tierra (madre-mujer) es pasiva, pero de resultados dinámicos ya que es fecundada. La tierra representa a la madre, también algunos exiliados sueñan con ella como la representación de la patria lejana.

Cuando un hombre sueña que labra la tierra, este sueño puede tener connotación de orden sexual. Cuando una mujer sueña con tierra húmeda, con tierra recién sembrada, se vislumbran perspectivas de fecundación o deseo de maternidad y vida sexual armónica.

5. **El agua.**

El agua es concretamente el símbolo de lo inconsciente. El agua simboliza muchas veces el espíritu. En los sueños suelen aparecer fuentes o vertientes de agua clara y, según la fuerza del agua o su presión, será la fuerza, la potencia y claridad interna del soñador. El agua también significa beneficios, ya que cuando se riega la tierra es para fecundarla. En numerosos sueños, el sujeto se ve nadando en las profundidades del mar, y esto significa un buceo en nuestro interior más profundo. Verse en sueños junto al mar, o caminando junto a un río, o bien pescando, es otra forma de búsqueda o exploración del subconsciente.

Pero si aparecen en sueños inundaciones hay que hacer un examen exhaustivo de lo que sucede en nuestro interior y también en la vida despierta. Diluvios, torrentes de agua, inundaciones, son avisos simbólicos de peligros que nos envía nuestro subconsciente, tal como a Noé se le anunció el Diluvio Universal, y se le avisó para que se pusiera a salvo.

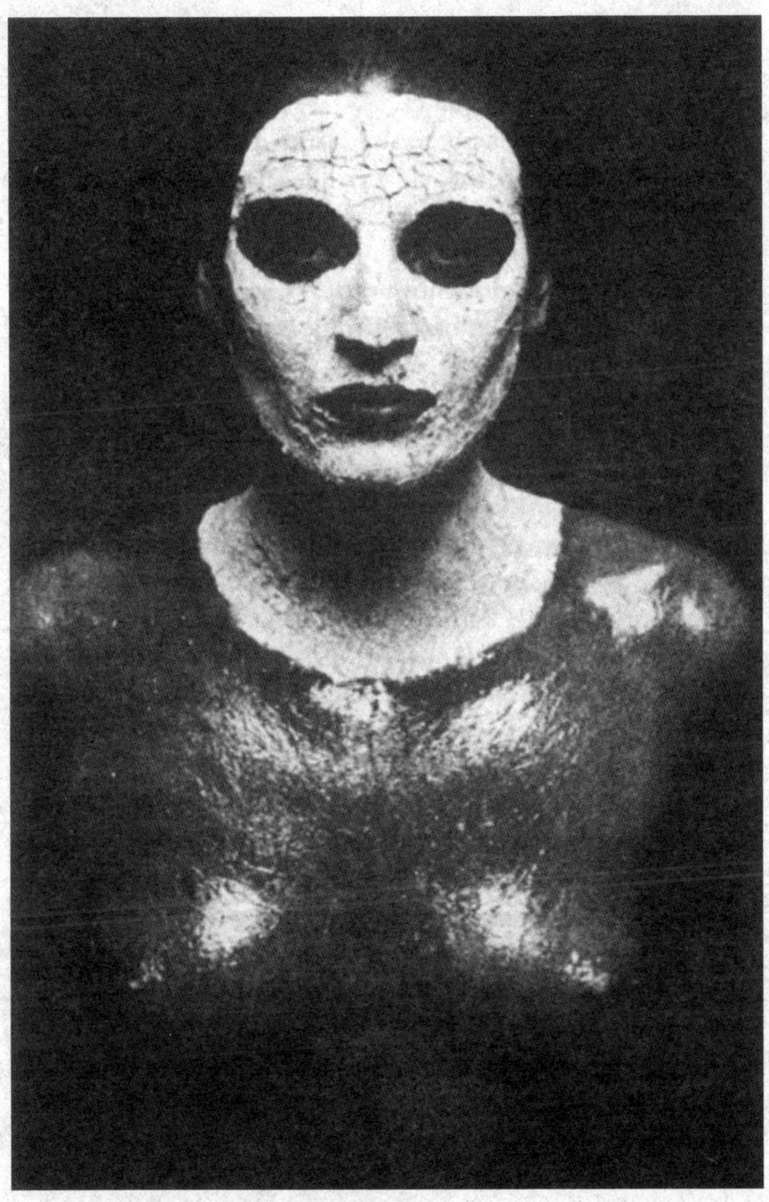

El inconsciente piensa en imágenes y disfraza su verdadero contenido

LUZ TAMBASCIO

CAPÍTULO II

LA ELABORACIÓN ONÍRICA Y LA CONDENSACIÓN DEL SUEÑO SEGÚN LAS TEORÍAS FREUDIANAS

La función del análisis de los sueños es penetrar en el contenido del mismo y poner en descubierto su significado latente.

Según Freud, la interpretación de los sueños es la Vía Regia para llegar al conocimiento del inconsciente en la vida mental.

Para dejar al desnudo el significado latente de un sueño, el intérprete o analista del mismo debe entender el mecanismo por el que el inconsciente humano llega a invertir el contenido latente y que es inaceptable para la conciencia. Freud denominó a este proceso de transformación «la censura de los sueños».

El cometido de la censura de los sueños consiste en aliviar las tensiones de la psique, dando lugar a que los deseos reprimidos puedan cumplirse y satisfacerse durante la etapa del sueño.

La escuela freudiana ha clasificado los diversos mecanismos de la censura de esta manera: desplazamiento, condensación, simbolismo y revisión secundaria.

El llamado *desplazamiento* es la mecánica onírica que hace que los sentimientos y deseos del soñador hacia una persona determinada se transfieran o desplacen hacia una tercera persona.

En el denominado proceso de *condensación,* cada personaje, símbolo o suceso dinámico del sueño representa varias ideas.

Los simbolismos en la teoría freudiana, bastante controvertidos por cierto, indican que el inconsciente piensa en imágenes y disfraza por su intermedio su verdadera idea. Según estas teorías, en los símbolos oníricos de los adultos siempre hay componentes sexuales o relativos a la actividad sexual.

A la llamada revisión secundaria del sueño se le atribuye el valor de dar coherencia al mismo y de organizar un guión onírico sin incongruencias. Esta revisión secundaria del sueño es la que completa el proceso y presenta lo que se puede definir como «el sueño completo».

Sobre la elaboración del sueño dice concretamente Freud: «Se interpola entre el contenido onírico y los resultados de nuestra observación un nuevo material psíquico: el contenido *latente* o ideas *latentes* del sueño que nuestro procedimiento analítico nos lleva a descubrir. De este contenido latente y no del manifiesto es del que desarrollamos la solución del sueño. Así pues, se nos presenta también una nueva labor que no se planteaba anteriormente: la de investigar las relaciones del contenido manifiesto con las ideas latentes y averiguar por qué proceso ha surgido de estas últimas aquél primero.

»Las ideas latentes y el contenido manifiesto se nos muestran como dos versiones del mismo contenido, en dos idiomas distintos, o mejor dicho, el contenido manifiesto se nos parece como una versión de las ideas latentes a una distinta forma expresiva, cuyos signos y reglas de construcción hemos de aprender por la comparación del original con la traducción. Las ideas latentes nos resultan perfectamente comprensibles en cuanto las descubrimos. En cambio, el contenido manifiesto nos es dado como un jeroglífico, para cuya solución habremos de traducir cada uno de sus signos al lenguaje de las ideas latentes.»

La labor de condensación de los sueños hace que este aparezca pobre y lacónico en relación con la magnífica amplitud de las ideas latentes. Dice Freud, en su libro *La interpretación de los sueños,* que jamás un psicoanalista puede estar seguro de haber agotado todas las posibilidades de interpretación de un sueño. «Aunque la solución obtenida nos parezca completa y satisfactoria —indica—, queda siempre la posibilidad de que el mismo sueño haya servido también de exteriorización a otro sentido más. Así, pues, el *montante de condensación* es —en términos rigurosos— indeterminable.»

Veremos seguidamente algunos casos estudiados por Freud sobre la mecánica de *elaboración* del sueño, *condensación* del mismo y *desplazamiento,* con el fin de dar mayor claridad al tópico expuesto hasta aquí.

Ejemplo A

Antes de pasar a exponer en todos sus detalles este sueño analizado por Freud y donde el agua juega un interesante papel de significación simbólica, debemos recordar al lector que según estas técnicas del análisis del sueño, muchos de ellos a primera vista parecen simples y sin incluir nada especial, pero después de un estudio profundo indican *impulsos optativos sexuales* o de *naturaleza inesperada.*

Cuanto más se avanza en la interpretación de los sueños dentro del marco freudiano, vemos con mayor claridad que la mayoría de los sueños de los adultos tienen raíces sexuales y que en el sueño elaboran este material sexual y dan así expresión al deseo erótico.

Ningún instinto, tal como lo aclara Freud, ha tenido que sufrir tantísimas restricciones desde la infancia como el impulso natural sexual.

Y pasemos ahora al análisis del sueño en cuestión donde los roles protagónicos los interpretan la figura misma de la soñadora, el agua y la participación de la luna.

EL SUEÑO EN SÍ

> Mi paciente se encuentra —dice Freud— en su residencia veraniega junto a un lago (esto en el sueño) y se arroja al agua del lago, todo está oscuro y sobre el lago brilla pálidamente la luna.

EL ANÁLISIS DEL SUEÑO

> Los sueños de este género —analiza Freud— son sueños de nacimiento y llegamos a su interpretación individual invirtiendo el hecho comunicado en el contenido manifiesto, o sea en lugar de arrojarse al agua, salir del agua; es ser parido.

El lugar en que se nace queda reconocido en cuanto pensamos en el caprichoso sentido que el francés da a la Luna (la Lune). La pálida Luna es el blanco trasero de donde los niños suponen haber nacido. Pero ¿por qué mi paciente desea nacer en su residencia veraniega? Al interrogarla ella me respondió con seguridad: ¿Acaso el tratamiento no me ha dejado como si hubiera nacido de nuevo?

De este modo se convierte el sueño en una invitación a continuar el tratamiento en su residencia estival o sea visitarla allí. Y por último contiene también una tímida insinuación de su deseo de ser madre.

Ejemplo B

Entre los sueños llamados *típicos* o *comunes* están los que muestran localidades, paisajes, caminos, que nos resultan familiares y se supone haber estado antes allí. Este tipo de sueños encierra una significación especial.

El lugar que aparece en estos sueños representa siempre el órgano genital materno (le reconocemos, estuvimos antes allí). Efectivamente, de ningún lugar podemos decir, como del útero y la vagina materna, que estuvimos antes allí y que «pasamos por allí». Sería negar la existencia actual.

Los sueños que tienen que ver con fosos, agua... cavernas, tienen también una directa relación con la vida intrauterina.

El sueño B estudia el caso de un joven que aprovecha la condición que le ofrece la vida intrauterina para espiar el coito de sus padres.

EL SUEÑO EN SÍ

Se encuentra el joven —mi paciente, dice Freud— en un profundo foso, en el que se abre una ventana dentro de un túnel. A través de ella ve el principio de un paisaje desierto y compone luego en él un cuadro. Este cuadro, que se convierte en presente, representa una tierra de labor profundamente removida por el arado y los terrones negroazulados de la tierra le producen una impresión de serena belleza. Después ve abierto ante él una *Pedagogía* y se asombra de que se conceda en ella tanta atención a los sentimientos sexuales del niño, cosa que le hace pensar en mí.

Como un iceberg, sólo se ve de nuestra psique lo menor; lo mayor está sumergido en la profundidad

El foso representa la cavidad de la madre. La tierra arada, la madre y su fecundación. El arado, la penetración del pene paterno. Concretamente una visión intrauterina del coito de sus padres. El libro de pedagogía abierto para que él lo leyera, la comprensión del sueño por medio de su relación con el médico psicoanalista.

LA REPRESENTACIÓN DEL EDIPO EN SUEÑOS

Para la mejor interpretación de las implicaciones psicológicas de los sueños de raíces edípicas, es interesante recordar el mito griego que relata la trágica historia de Edipo Rey.

Layo, rey de Tebas, al casarse con Yocasta tienen un hijo al que llaman Edipo. Tal como era costumbre, se solicitó al Oráculo que anticipara el destino del recién nacido, y es el Oráculo quien marca entonces el destino de Edipo, al anunciar que en el futuro matará a su propio padre.

Neurotizados por la predicción, los padres de Edipo resuelven abandonar al niño recién nacido en el monte Citerón. Algunos pastores de la región encontraron al niño y al verle tan hermoso lo llevaron al rey de Corinto, Polibo. El rey de Corinto lo educó como a su propio hijo. Edipo no sabía que era adoptado y al enterarse de la predicción truculenta del Oráculo en su contra y creyéndose hijo legítimo de Polibo, rey de Corinto, dejó el palacio para evitar tal aberración, o sea matar en el futuro a su padre supuesto, Polibo.

En un sitio llamado Feócida, próximo a Tebas, se encuentra con el rey Layo y, no sabiendo que es su verdadero padre, y éste ignorando que se trata de Edipo, se enfrentan en una cruenta lucha donde muere Layo, tal como predijo el Oráculo, en manos de su propio hijo.

Sigue camino hacia Tebas el joven Edipo y allí se entera que la Esfinge domina a los tebanos con rigor perverso. Se enfrenta a ella, resuelve el célebre enigma que le plantea la Esfinge y luego la mata. Creonte (sucesor de Layo) otorga a Edipo la mano de la reina viuda, Yocasta, como premio a su acción de liberarlos de la esfinge, y le ofrece el reino de Tebas.

Edipo mata, sin saberlo, a su padre y se casa con su madre. He aquí los símbolos que se utilizarán para la expresión del llamado complejo. El desplazamiento del padre para la posesión de la madre. Concretamente, fijación en la figura materna.

Cuando Edipo, rey de Tebas, llega a conocer la enormidad cometida inconscientemente, se arranca los ojos y peregrina por toda Grecia, desesperado y mendigando, en compañía de la hija que tuvo con su propia madre y que no es otra que la mitológica Antígona.

La tragedia de Edipo da pie, raíz y fundamento al llamado Complejo de Edipo.

Con relación a la manifestación de esta fijación edípica en los sueños, Freud dice, en su libro *La interpretación de los sueños*:

> Cuando hago resaltar en mis pacientes la frecuencia del sueño de Edipo, en el que realiza el sujeto el coito con su propia madre, suelen contestarme que no recuerdan haber tenido nunca ese sueño, pero inmediatamente surge en ellos el recuerdo de otro sueño, irreconocible e indiferente, que han soñado repetidas veces, y el análisis muestra que se trata de un sueño del mismo contenido; esto es, de un sueño de Edipo. Podemos afirmar que los sueños de este género que se presentan bajo un disfraz cualquiera son infinitamente más frecuentes que los sinceros, o sea aquellos que muestran directamente al sujeto en comercio sexual con su madre.

Por eso se considera que cuando, como señalábamos anteriormente, se sueña con elementos que presentan cavidades, cuevas, paisajes, agua, etc., o bien tierra arada o fecundada y que a la vez, este o estos elementos nos resultan conocidos: ¡Estuve antes aquí! ¡¿De dónde conozco este lugar?! Se está ante la presencia onírica y simbólica de los genitales maternos, que evidentemente, en la gestación y parición hemos conocido.

En los próximos capítulos valoraremos el sueño como elemento premonitorio, el sueño participando en los hechos históricos y la conciencia colectiva.

CAPÍTULO III

EL OLVIDO DE LOS SUEÑOS

Es común a todos encontrarse con serias lagunas al tratar de reconstruir un sueño. ¿Nace de un acto de autocensura el olvido de un fragmento de nuestro sueño? Posiblemente sí en algunos casos.

En numerosos casos el sujeto se levanta con la sensación que ha soñado muchísimo, pero el sueño se le ha olvidado. Lo asombroso es que el olvido total o fragmentado del sueño suele desaparecer en el momento de la terapia psicoanalítica.

Generalmente se exagera el olvido del sueño o se ve al sueño en un orden poco coherente y con espacios en blanco que no podemos coordinar, pero, sin embargo, todo aquello que el olvido ha suprimido del contenido manifiesto del sueño puede ser reconstruido cuando se realiza bajo el control psicoanalítico dicha vivencia onírica, como ya señaláramos anteriormente.

Cuando en sueños una serie de ideas ha dejado indeterminado un hecho o elemento de su construcción, surge siempre otro elemento o símbolo que toma a su cargo tal determinación.

Remitiéndonos a las teorías de Freud al respecto, veremos que el olvido de los sueños equivale a cualquier otro olvido de actos psíquicos, y que su adherencia a la memoria equivale exactamente a la de las funciones anímicas restantes.

Dice Freud aclarando respecto a que si todo sueño, total o fragmentado por el olvido, puede tener una interpretación; «No. No debemos olvidar que aquellos poderes psíquicos de los que depende la deformación de los sueños actúa siempre en contra de la labor interpretadora. Se nos plantea, pues, el problema de que si con nuestro interés intelectual, nuestra capacidad para dominarnos, nuestros conocimientos psicológicos y nuestra experiencia en la interpretación de los sueños conseguiremos dominar la resistencia interna.

»De todos modos, siempre lo conseguimos en grado suficiente para convencernos de que el sueño es un producto que posee un sentido propio que incluso lo lleva a sospechar del sentido.»

Cuando en el período diurno nos encontramos con serias dificultades para recordar un sueño, surge ante nosotros un interrogante. ¿Si no deseamos recordar ni asumir el sueño, qué hizo posible que tal sueño olvidado en el día se construyera?

Freud nos indica que la resistencia pierde durante la noche parte de su fuerte poder y al despertar tal resistencia toma nuevamente fuerza total y censura el sueño en su totalidad o parcialmente.

De estas especulaciones respecto al olvido parcial o total de los sueños sacamos la conclusión de que en estado de franco reposo durante el sueño los mecanismos de la censura endopsíquica disminuyen notablemente.

Es común, pues, y natural olvidar parte de un sueño, olvidarlo incluso totalmente, y ello es consecuencia de los mecanismos de censura. Tales mecanismos desaparecen, a veces, cuando en el psicoanálisis se busca dicho sueño.

LA INTERPRETACIÓN DE LOS SUEÑOS

Freud se cuestionó el problema de los sueños cuando comenzó la búsqueda de la curación de las neurosis por medio del procedimiento de la libre asociación, o sea, cuando sus enfermos en la consulta le hablaban de todos sus problemas, en función al psicoanálisis, contándole sucesos del día, recuerdos, impresiones y también los sueños que habían tenido. Y es así como comienza Freud a interesarse vivamente en el contenido de los sueños.

Ya desde muy joven, el médico vienés había sentido cierta especial predilección por los acontecimientos que se producían en sueños. Tenía la costumbre, desde muy temprana edad, de anotarlos en un

Las viviencias oníricas suelen ser censuradas por la memoria

cuaderno. Con el tiempo comenzó a ahondar en sus propios sueños primeramente, antes de comenzar a estudiar los de sus pacientes.

La experiencia del autoanálisis y la investigación de sus propios sueños, así como la investigación de los sueños de sus pacientes, dieron a Freud la conciencia de que el sueño tiene un sentido profundamente unido a la vida de la persona que lo elabora. Con respecto a esto decía Freud:

> Mi destino parece haber sido descubrir sólo lo que es evidente de por sí: que los niños tienen sensaciones sexuales, cosa que todas las niñeras del mundo saben, y que los sueños son una realización de deseos, al igual que las fantasías diurnas.

Algunas veces los sueños son una realización directa de deseos, y así ocurre con muchos sueños de niños, un niño al que se le ha puesto a régimen porque está enfermo o sufre algún problema digestivo transitorio, sueña de noche que come todo aquello que le ha sido prohibido durante el día. También suelen soñar los niños con que juegan o poseen los juguetes de sus hermanos mayores, y los que no les han querido comprar, o que se entretienen con cosas que sus padres les han prohibido por no ser adecuadas para su edad.

Algunos sueños de adultos suelen tener estas claras características y expresan clara y directamente el deseo del sujeto. Pero la mayoría de los sueños de los adultos no tienen la claridad que poseen los sueños de los niños sino que suelen presentarse oscuros, confusos, con fragmentos que a veces se olvidan o quedan poco claros y plagados de imágenes simbólicas.

Freud afirma que estos sueños absurdos o confusos también son deseos no realizados.

Para explicar mejor y más claramente este fenómeno de disfraz en los sueños, Freud nos relata un sueño que tuvo él mismo:

> Mi amigo R es mi tío. Siento gran cariño por él. Veo ante mí su rostro, pero algo cambiado, como alargado, resaltando, con especial precisión su barba rubia.

Freud comenta que al despertarse por la mañana se echó a reír,

Freud y Jung en 1909, en Estados Unidos

«pero luego pensé que a un enfermo mío no le restaría importancia a lo soñado por más disparatado o sin fundamentos que este mismo pareciese». Procedió entonces con su propio sueño como hubiera actuado con el sueño de un paciente y dividió el sueño en secuencias:

R es mi tío. ¿Qué puede significar?

Entre sus varios tíos recordó a su tío José que había sido procesado por un delicado asunto de dinero. Este hecho había mortificado profundamente al padre de Freud, que solía decir refiriéndose al tío José: «Nunca fue un hombre perverso, y sí únicamente un imbécil».

> Así pues, al pensar en que R es mi tío José, no quiero decir otra cosa sino que R es un imbécil.

Rechazo de inmediato el sueño y su símbolo: R era su amigo, el tío José su tío; pero, sin embargo, las asociaciones indicaban claramente que en sueños había definido a su amigo R como a un imbécil, igual que su padre calificara al tío José. El rostro de su amigo R en sueños, que a la vez, en la vivencia onírica, era su tío José, presentaba en el análisis del sueño otra vertiente, ambos rostros estaban superpuestos y por eso se destacaba en la cara de su amigo R la barba rubia.

Ahora bien, en la asociación (?) R es un hombre intachable y el pobre tío José era un hombre que había sufrido los rigores de la ley. Pero resulta que R había atropellado a un muchacho con su bicicleta. ¿Se refería el sueño a ese delito involuntario?

Siguió Freud trabajando sobre el análisis de este sueño y fue cuando recordó una conversación mantenida días atrás con un colega donde éste le felicitaba por haber sido propuesto, al igual que él, para profesor de la Universidad. «No sé por qué me da usted la enhorabuena —dijo Freud a su colega—, conociendo mejor que nadie por experiencia propia, el valor de tales propuestas.» El amigo rió y le comentó que se nombraría a Freud, ya que él había sido objeto de una denuncia, «se trataba de un asunto de chantaje y me costó mucho trabajo aclarar la situación. Quizás en el Ministerio consideren este suceso como un pretexto para no nombrarme profesor. —Y el amigo concluyó diciendo—: En cambio a usted, doctor Freud, no tienen objeción alguna que hacerle».

Freud, Ferenczi, Sachs, Rank, Abraham, Eiton y Jones, en Berlín, 1922

Sí tenían: Freud, como es sabido, era judío y eso hacía que en muchos lugares se le discriminase, pese a su talento y aporte científico.

> Con el recuerdo de esta conversación —dice Freud— se me revela el delincuente que precisaba para completar la comprensión del paralelo establecido en mi sueño, y al mismo tiempo todo el sentido y la tendencia del mismo. Mi tío José —imbécil y delincuente— representa en mi sueño a mis dos colegas, que no han alcanzado aún el nombramiento de profesor, y por el mismo hecho de representarlos, tacha a uno (R.) de imbécil, y de delincuente al otro (N.).

Analizado así, el sueño expresaba su deseo de que siendo imbécil uno y delincuente el otro, ninguno de sus dos colegas R y N llegasen a la cátedra que él deseaba y que sabía que le sería difícil obtener por ser judío. Si sus colegas no fueran admitidos, R por imbécil y N por delincuente, él podría ser seleccionado por el ministerio para la cátedra tan deseada.

El deseo y la represión en los sueños

Al referirnos a las depresiones vemos cómo los contenidos permanecen en el inconsciente (ideas, deseos, impresiones, conflictos), alejados de la conciencia y totalmente excluidos de la memoria. Ya hemos mencionado anteriormente que determinadas fuerzas restrictivas ofician de guardianas y no permiten el ingreso de tales contenidos en la conciencia, produciendo una activa resistencia a que se hagan conscientes. Durante la vigilia, estas fuerzas de los mecanismos de defensa fortalecen su actividad y hacen de la conciencia una fortaleza inexpugnable, mientras que cuando se duerme estas fuerzas de contención pierden parte de su control y la barrera se debilita, haciendo posible el acceso a la conciencia de los *deseos reprimidos inconscientes.*

Pero es fundamental tener en cuenta, al abordar este espinoso tópico, que el llamado técnicamente *debilitamiento de las barreras de contención* es siempre relativo y es por eso que las fuerzas de represión conservan cierta vigilancia que impide a los deseos reprimidos presentarse en el sueño con un disfraz que engañe al guardián de la conciencia. Así resulta que los deseos reprimidos están presentes en los sueños, pero la mayoría de las veces totalmente deformados.

Por lo general, estos sueños tienen un núcleo central de naturaleza sexual, y pueden, en muchas ocasiones, ser deseos sexuales vividos plenamente como tales en la niñez o que guardan una estricta relación asociativa con ellos. No se puede pasar por alto que fue a través del análisis de los sueños de sus pacientes y de los suyos propios, que Freud descubrió el «centro de gravedad» de la sexualidad infantil: *el complejo de Edipo,* que como ya mencionáramos al referirnos antes a él, es el deseo incestuoso inconsciente hacia el progenitor del sexo opuesto —padre o madre— y los celos hacia el progenitor del mismo sexo. Hay que tener en cuenta, según las teorías de Freud, que «ese centro de gravedad» de la sexualidad infantil, en realidad es el motor profundo de cada sueño.

A partir de Freud, el lenguaje psicoanalítico llama *contenido manifiesto* al relato del sueño, tal como es recordado y narrado por el sujeto; y al contenido que se descubre durante el proceso de análisis: *contenido latente.*

El proceso de deformación que han sufrido las ideas latentes (inconscientes) se les denomina elaboración onírica.

En el proceso de la elaboración onírica, vemos diferentes pasos ya mencionados anteriormente y que recordamos, son:

Condensación: proceso por el cual pasan las representaciones de las ideas latentes al contenido manifiesto en una sola imagen.

Desplazamiento: el acento psíquico se transfiere de una persona a otra, de un elemento a otro, haciendo aparecer lo fundamental como secundario.

Elaboración onírica: que es lo que transforma las ideas latentes en imágenes visuales y forma una trama dramática.

Como vemos, la difusa frontera entre el consciente y el inconsciente que se presenta en los sueños es uno de los fundamentos bases para el psicoanálisis moderno.

CAPÍTULO IV

NUESTROS ROSTROS FAMILIARES EN LOS SUEÑOS

En sueños nos reencontramos muchas veces con rostros familiares, seres unidos a nuestros afectos, gente que nos rodea formando un círculo íntimo o personas que alguna vez formaron el grupo de «nuestros seres queridos» y que hemos dejado de ver hace tiempo. Estas apariciones en sueños tiene un claro significado.

> «YOCASTA: *Entonces, no te aflijas más por ninguno de los vaticinios del oráculo.*
>
> EDIPO: *¿Cómo no va a llenarme de inquietud el lecho de mi madre?*
>
> YOCASTA: *¿De qué tiene que temer el hombre? Es el destino que gobierna al hombre. Nada puede preveerse. Es mejor vivir al azar, pues muchos son los que sueñan que han compartido el lecho de su madre y así sobrellevan, más fácilmente, la vida.*»
>
> De *Edipo Rey,* de Sófocles

LA MADRE EN NUESTROS SUEÑOS

Por la relación genética, por la familiaridad diaria, por la regencia de la madre, por la fuerza o debilidad de esta figura, por las raíces edípicas, muchas veces suele aparecer en sueños el rostro de la madre, pero nunca tanto como otras imágenes familiares. Veamos la significación que el psicoanálisis da a esta visita materna al mundo particular de los sueños.

LA MADRE

Ella aparece, por lo general, representada por símbolos como ya lo comentaremos, la madre es la tierra, lo que se fecunda, la luna y otros símbolos más, pero su rostro y presencia, sin disfraz alguno, es menos común. Pero noventa y nueve veces de cada cien, la madre surge en los sueños en forma de símbolos.

La madre, aparezca como aparezca, con su propio rostro, con sus facciones reconocibles de la vida despierta, siempre representa la tradición de la humanidad. Ella es nuestro canal hacia la vida, la que nos dio la primera sensación de protección, el primer placer, comer… la primera caricia. Ella representa la sabiduría, la seguridad, la autoridad, la benevolencia y la comprensión. El puerto al que siempre se puede regresar. Es por eso, con el correr del tiempo, que el ser que nos enseñó a hablar, a caminar, que nos alimentó, que nos arropó, se convierte en una figura luminosa, y si no aparece con su propio rostro familiar y querido, lo hace representado por todo aquello que es fundamental a la vida; tierra, agua… Una clínica (donde se nos atiende para curarnos), una escuela (donde nos enseñan), una catedral, lo tradicional y lo sagrado.

Es normal soñar con la madre, pero cuando el sueño es repetitivo, cuando muy a menudo surge la figura matriarcal en sueños, indica que aún no se ha cortado el cordón umbilical, que aún no se ha madurado y no se está en condiciones de resolver sus circunstancias por sí mismo: por eso se cita a la madre en la representación onírica. Pero hay madres castradoras, dominadoras, que dan una y otra vuelta al cordón umbilical en torno al cuello de sus hijos. Esta madre es la representación del dominio y la anulación de la propia personalidad. Aunque cabe señalar que, infinidad de veces, una madre débil o muy afectuosa puede enlazar a su hijo o hija de la misma manera que una madre de las llamadas castradoras.

No se desligan, así como así, de la memoria del hijo, y éste elabora en el sueño el fracaso de la relación con su madre.

a) **Madre castradora**

Un joven médico de Milán, soñaba a menudo con su madre: él iba por la calle y al pasar frente al «Duomo», veía a su madre con las llaves del mismo en la mano. Se aproximaba a ella y le preguntaba qué hacia allí y si podía entrar con ella al «Duomo», y la madre de pronto se convertía en un cardenal y le reprochaba que atendía más a sus amantes que a su madre.

Significado: la madre, representando la autoridad (la dueña de las llaves), lo tradicional y establecido, le trataba como a un niño y avivaba su Edipo censurándole la relación sexual con su esposa, a quien en verdad su madre detestaba, pero que trataba con cierta educada política. El psicoanálisis le ayudó a elaborar esta situación de dependencia con respecto a su madre.

Veamos tres casos de diversos tipos de sueños con figuras maternas y enumeramos estos casos de la A a la C.

b) **La madre en sí**

Una joven fotógrafa francesa que participara de los sucesos del Mayo Francés del 68, defraudada por sus compañeros de alineación política, comenzó a soñar que iba por un bosque, que veía una gruta... entraba en la gruta, luego veía un pasadizo muy oscuro, lo seguía y, finalmente, encontraba un agua clara y tibia y se sumergía en ella y entonces sentía un gran alivio.

Significado: Como su madre vivía en Canadá con un hijo casado y la soñadora había tenido una madre protectora, comprensiva y muy amistosa, en sueños evocaba su vida intrauterina y regresaba al útero materno en busca de seguridad, amor y protección.

c) **La madre desaprensiva**

Un célebre pintor y escultor español tuvo durante más de tres años un sueño que solía repetirse con frecuencia. Se veía a sí mismo tratando de pintar el rostro de su madre y comenzaba la tarea esbozando una Virgen con el niño y, de pronto, su pulso temblaba y no podía seguir el trabajo: la mujer tomaba la forma de la Mona Lisa y, sin mirarle, salía del cuadro y el bebé que tenía en brazos caía roto en pedazos.

Significado: Clarísimo. La indiferencia de la madre y el trauma. La madre le había dado en adopción al año y medio. Si bien no supo que era hijo adoptivo hasta ser adolescente y la relación con sus padres adoptivos y hermanos era óptima, el dolor y la inseguridad que le produjo en la infancia el abandono de su madre se representaba por medio de elementos que le eran familiares en su vida despierta.

EL PADRE

Representa en primer término: la seguridad. Después, la protección, la fuerza viril, la dinámica de la vida. Al igual que sucede con la madre, su figura aparece en los sueños con más frecuencia en forma de símbolo que, directamente, también aparece con su propio rostro y su actitud familiar.

Hemos seleccionado tres casos médicos, presentado por personas que se sometían a la terapia del psicoanálisis. Los denominaremos D, E y F.

d) Un soldado de Vietnam, de nacionalidad americana, que vivía en Manhatan, tuvo un sueño que se repitió dos veces, con algunas variantes.

La primera vez, durante su participación en la guerra, soñó con su padre; él iba a entrar al otro día en combate y, debido a la somatización de angustias vividas días atrás, se le había presentado una gastritis aguda (eso creía). En sueños vio a su padre que, en ropa de paisano, pero con estrellas de general en la solapa de la chaqueta, entraba al campamento militar y encendía un farol. El soldado decía entonces a su sargento: «Hoy no nos atacarán, ha llegado mi padre y no se atreverán».

Es frecuente soñar con nuestros familiares, los seres que amamos.

En el segundo sueño, se veía a sí mismo mirando un combate y aparecía su padre con un aspecto muy joven, el que recordaba tenía su padre cuando era niño y le decía: «Acuérdate cuando te enseñé a andar en bicicleta, ahora igual, mantén el equilibrio y nada sucederá». Su padre desaparecía y él se sentaba entonces bajo un árbol muy alto y fuerte, sintiéndose bien allí.

Dos semanas después, fue internado por enfermedad, úlcera perforada. Motivo: somatización de angustia en guerra.

Significado: Su padre, al presentarse en sueños, le ofrecía la seguridad que tanto necesitaba debido al terror lógico de la situación bélica que vivía. La segunda aparición le aclaraba algo que él ya, subconscientemente, sabía: que estaba mal de salud y que un equilibrio emocional adecuado ayudaría a la recuperación. El árbol suplía la figura del padre al desaparecer éste de la vivencia onírica.

e) Una joven señora residente en Viena, sueña que en un albergue juvenil de un puerto de esquí, se le apareció en enero del 80 tres veces seguidas la figura de su padre, simbolizada en distintas formas. La primer vez soñó que estando abriendo la puerta de su albergue para que entraran varios jóvenes, miraba hacia el este y el sol, que comenzaba a salir, de pronto se desinflaba como un globo.

La segunda vez, volvió a ver ese mismo fenómeno, pero el sueño continuó, ella entraba a la casa y buscaba una linterna para suplantar al sol y no la encontraba.

En el tercer sueño, ella iba por un parque de la ciudad de Viena, se veía niña, y con ella iban sus dos hermanos menores, todos tal como eran de pequeños y con sus uniformes de colegio; en medio del parque veían un tilo y el árbol se tronchaba al paso de los tres niños y caía.

Significado: El padre de esta señora, hombre de sólido prestigio, se vio comprometido, pocos días después de estos sueños, en un escándalo de fraude en un grupo de empresas multinacionales.

Ella entonces vio a su padre viviendo el conflicto, lo vio en su ocaso y lo vio luego desmoronarse, igual que el alto y fuerte tilo, ante sus tres hijos.

La sensación de culpa que tuvo por haber juzgado a su padre en lugar de aceptarle tal como era, la hicieron adquirir dimensiones infantiles y poco maduras en el sueño. El psicoanálisis le ayudó a elaborar el problema.

f) Una niña de once años, en el verano de 1980 en Valencia, localidad de Burjasot, soñó dos noches consecutivas que iba en bicicleta por un camino muy feo y luego desembocaba en un bosque hermoso, aspiraba el aire y se daba cuenta que tenía fragancia de eucaliptos. De pronto, el bosque comenzaba a arder. Ella hacía lo posible por apagar el fuego, pero las llamas lo devoraban todo.

Muy impresionada por el sueño, lo comentó con la que era su maestra y que vivía cerca de su casa.

Esa misma semana su padre murió víctima de un infarto.

Significado: Si es que fuera necesario, diremos que la niña percibió la imagen sana de su padre y su violenta desaparición representada por el incendio.

También son frecuentes los sueños en los que surgen figuras que amamos en la infancia, maestros, amigos, algún mayor de la familia con el cual nos unía una relación especial. Es también muy común que las madres, aun cuando sus hijos son ya mayores, sueñen que los han llevado al parque y se les han extraviado o que deben tomar un tren y en la estación pierden a los niños o bien que éstos la llaman y ella se ve imposibilitada de ir en su auxilio, pues las piernas no le responden, y lo hace de rodillas, arrastrándose... Los padres suelen soñar que algún personaje de «cómic» o ser fantasmagórico que pobló sus sueños infantiles regresa desde el lejano pasado y persigue a alguno de sus hijos para hacerle algún daño. También sueñan que sus hijos corren peligro y ellos deben ir en su ayuda. Pero, en realidad, esto solamente representa (en la mayoría de los casos) las cargas emotivas que produce una gran responsabilidad y que, aún librada de ella en la adultez de los hijos, la sensación mantiene su vibración emocional dada la intensidad que produjo en su momento.

SEGUNDA PARTE

CAPÍTULO V

LOS SUEÑOS Y SU RELACIÓN CON LA HISTORIA DE LA HUMANIDAD

Los egipcios, los caldeos, los asirios, pasando por los griegos y los romanos y sus respectivas culturas, asignaron a los sueños gran importancia. El gran Platón creía que los sueños tenían origen divino, Aristóteles pensaba que se producían por motivos externos, para Octavio, que soñó con la muerte de Julio César, podían revestirse de carácter premonitorio y para el sabio médico Galeno, los sueños estaban ligados estrechamente con la salud.

Todos, desde sus diversas ópticas, culturas y épocas dieron capital importancia a los sueños pero es la Biblia, el libro de los libros, quien más se ocupa de este fenómeno.

LOS GRIEGOS, PRECURSORES DEL PSICOANÁLISIS

Si en esta época, tal como lo hiciera quien escribe estas líneas, el lector se aproxima a la Acrópolis de Atenas, se encontrará con un sector de sus ruinas que fuera templo del sueño.

Antes de Freud y sus seguidores, antes de que la escuela de Lacan y sus disidentes luego, se preocuparan por el análisis profundo de los sueños, ya 300 años a. C., los griegos habían levantado numerosos templos dedicados al sueño.

Quienes tenían problemas de salud acudían a estos templos, por ejemplo, y por una parte debido a la desintoxicación y la relajación de un largo período de sueño y, por otra parte, a la interpretación de los símbolos que surgían en las vivencias oníricas, encontraban soluciones para sus afecciones orgánicas y para los problemas de orden psíquico.

Próximo al teatro de Epidauro, en la Argólida griega, se encuentra el magnífico templo dedicado a Esculapio, protector mitológico de la medicina. En ese templo, rodeado de árboles verdísimos, de vertientes de agua clara, los antiguos griegos encontraban la solución psicosomática de sus problemas. Además de este templo central de Esculapio que mencionamos, había muchos otros dedicados a él. Los pacientes o personas con conflictos ingresaban al templo de la salud, pasaban un período de abstinencia, realizaban el acto de purificación correspondiente y, con lo que hoy llamaríamos, «una programación adecuada» o una disposición mental positiva, entraban al sagrado recinto de los sueños. Allí, el descanso y la relajación de un largo sueño obraba maravillas sobre la parte orgánica, ya que les desintoxicaba y aliviaba tensiones. Y era entonces donde los símbolos y los informes del subconsciente comenzaban a obrar sobre el paciente.

En los sueños, muchos de ellos recibían —según suponían entonces— una información de los dioses para el mejor camino a seguir en favor de la salud. Es evidente que la memoria y el conocimiento inconsciente de todas las cosas referentes a nuestro cuerpo y psique, actuaban aquí con claridad, ofreciendo un paquete informativo del panorama orgánico y el psíquico.

En el templo de la salud se estudiaban los sueños y en ellos se encontraba la solución para la atención del cuerpo, y se desentrañaban los problemas afectivos y la relación del paciente con su medio ambiente y su futuro.

Como se ve, un sistema arcaico de psicoanálisis y medicina psicosomática, pero sistema al fin, que pudo ser la piedra fundamental del psicoanálisis actual.

Junto al templo de Esculapio, templo de la salud, ya dijimos que se levanta el célebre teatro de Epidauro. Allí se representó una y mil veces el drama *Edipo Rey,* que sirviera a Freud de elemento básico para explicar y trabajar sobre las fijaciones maternas.

Es verdaderamente significativo que junto al templo de Esculapio, donde había un recinto dedicado al sueño, a no más de quinientos metros, subiendo una suave ladera, se encuentre el teatro en el que se representaba a Edipo.

La cura de sueño y la interpretación de la vivencia onírica fue un elemento fundamental para los antiguos griegos en favor de la salud de sus conciudadanos.

Cuando nos referimos a un médico, solemos aún utilizar la vieja expresión: *Galeno,* que es un sinónimo de medicina. Galeno fue un médico griego, el verdadero padre de la medicina, que vivió en el siglo II antes de Cristo. Galeno creía en lo fundamental de los sueños y, cuando tenía alguna duda respecto al tratamiento a seguir con uno de sus pacientes, se cuestionaba el tema despierto y dejaba que su subconsciente buscara la solución del asunto. Entre las anécdotas de los célebres sueños de Galeno, se cuenta que en una oportunidad, ante un dilema planteado por el estado de salud propio, recibió durante el sueño la indicación de lo que debía hacer. Es evidente que su mente siguió trabajando, elaborando en forma subconsciente el problema y durante el sueño encontró la solución del mismo. Soñó que los dioses le aconsejaban que: *para calmar el dolor persistente que tenía de continuo entre el hígado y el diafragma,* debía cortarse la arteria que se encuentra entre el índice y el pulgar. Al parecer este hecho hizo desaparecer el horrible sufrimiento.

Aristóteles también se ocupó de los sueños. Admitió que en algunas ocasiones éstos podían producir una suerte de intuición respecto a la salud, debido al conocimiento que la mente tiene de todo lo que sucede en el cuerpo; el filósofo griego opinaba que como en el sueño saltan los estímulos externos, la mente es capaz de prestar más atención a las sensaciones internas. Respecto a los casos proféticos tan caros a los griegos de su época, decía que debían atribuirse a la coincidencia algunas veces, y otras, las menos, a la conducta de la propia personalidad, por la influencia de las ideas sugeridas en el sueño.

Platón, por el contrario, atribuía a determinados sueños origen divino o paranormal (más allá de los normal y común) y, asombrosamente, se adelantó a Freud y a sus seguidores 2300 años, ya que sostenía que durante el sueño los impulsos reprimidos, y todo aspecto desconocido de la personalidad, surgían en la vivencia onírica en forma de símbolos, y otras clara y llanamente. Platón dijo, adelantándose al psicoanálisis en más de dos milenios: «Existe en todo hombre un impulso salvaje y sin ley, aun en los más buenos, y este impulso salvaje aparece en los sueños».

Del teatro griego se desprende que sus autores conocían las fijaciones y dudas del subconsciente humano. Y otra vez volvemos a mencionar a *Edipo Rey.* Homero, por su parte, jugaba con los sueños en sus obras y estos, a la vez, al ser relatados por él, se divertían disfrazando su mensaje o eran según el estado de ánimo del dios que enviaba el mensaje, simbólicos, serios o proféticos.

Los grandes reyes griegos tuvieron sus oniromantes y Alejandro Magno, rey de Macedonia, viajaba con su intérprete de sueños personal. Incluso éste participaba, desde el lugar que correspondía a su función específica, de las batallas del rey.

Ulises soñaba adelantándose a los hechos, los troyanos ante sucesos capitales recibían mensajes oníricos y todo griego clásico o arcaico que se preciara de inteligente y culto, consideraba a los sueños y especulaba sobre sus potencias verdaderas, tal como lo hacemos hoy en el diván del psicoanalista.

LA CONCIENCIA COLECTIVA, EN ROMA, DE LA MUERTE DE JULIO CESAR

Julio César se volvió herido de muerte y, mirando a su querido hijastro Bruto, dijo la frase que se hiciera célebre: *Tu quoque filis mii!* (¡Tú también hijo mío!), y murió.

La traición que sufriría Julio César en el Senado por parte de los que un día fueran sus leales amigos y seguidores, entre ellos Bruto, surgió en sueños en las conciencias colectivas.

Es evidente que la idea de asesinar al César surcaba el éter y que, por medio de la llamada comunicación inalámbrica, muchos soñaron con su desaparición.

LA CASA de los sueños, templo dedicado al sueño en la antigua Grecia

Se dice que Octavio había tenido un sueño revelador al respecto... y que, a su vez Cicerón, que no creía en la profecía de los sueños, había soñado con Octavio sin conocerle y le había visto en la pantalla de sus sueños asumiendo después de algo verdaderamente compulsivo, un rol protagónico en el Imperio Romano. Pero no solamente Cicerón y Octavio soñaron con este funesto suceso. El propio Julio César, que recibió numerosos mensajes simbólicos en sueños en los que se le orientaba en sus batallas y conquista, también soñó su muerte.

Algunas matronas, esclavos y cónsules dijeron tras el asesinato de Julio César haber soñado o previsto en sueños el luctuoso suceso.

Artemidoro de Efeso, intérprete de los sueños de Marco Aurelio y autor de un tratado sobre los sueños y su significación titulado *Oneirocrítica,* clasificó a los sueños en diversos estadios: simbólicos, de oráculos o revelaciones divinas de fantasías y realización de deseos, de pesadillas y visiones diurnas y los que están influenciados por problemas patológicos y shocks emocionales. Asombrosamente, Jung tuvo que hacer en este siglo, o sea, ¡tantísimo tiempo después!, una clasificación que se podría definir de casi similar. Jung, como es sabido, ordenó los sueños bajo la clasificación de *ordinarios* y *extraordinarios.*

Según Jung, cuando dormimos podemos entrar en contacto con potencias suprapersonales, pero esto únicamente en determinadas circunstancias. Jung admite también la posibilidad de que en algunos sueños aparezcan recuerdos de épocas anteriores a nuestra existencia.

Para las escuelas de seguidores de Freud, de Adler, de Jung, de Steckel, de Lacan, etc., la interpretación de los sueños puede producir un efecto curativo sobre el paciente y el psicoterapeuta trata en forma sistemática de hallar la clave de muchos de los conflictos íntimos del paciente por medio del análisis de los mismos. Pero esto ya lo sabían hace 2300 años los griegos y los romanos.

LOS EGIPCIOS Y EL MUNDO DE LOS SUEÑOS

La creencia de que los sueños encerraban mensajes que podrían brindar un auxilio o anunciar, simplemente, lo que «estaba escrito y acaecería irremediablemente», estaba también muy arraigada en los egipcios y toda la gente de la Mesopotamia.

En el antiguo Egipto faraónico se levantaron templos dedicados al sueño. En estos templos, tras una preparación previa, se entraba para soñar o encontrar estados psíquicos similares al ensueño, ensoñaciones, estados Alfa, percepciones especiales. En un clima tranquilo y místico se buscaba el sueño y, dentro del sueño, la clave de algo determinado, ya sea trascendental o intranscendente. El proceso de ingreso al estado de ensoñación, o de sueño propiamente dicho, y la elaboración posterior de la fase interpretativa, era dirigida por los sacerdotes de estos sagrados recintos del sueño. Estos sacerdotes conocedores de las ciencias herméticas eran llamados: Maestros de las cosas ocultas.

Los sueños fueron avanzando en terapéutica y pasaron finalmente a convertirse entre los antiguos egipcios en el umbral de la sabiduría; y se les consideraba el más importante apoyo para la salud, ya que se buscaba en ellos el diagnóstico y el tratamiento de las más diversas enfermedades.

El custodio de los sueños en el antiguo Egipto era el dios Bes. Los que sufrían le invocaban y quienes eran atacados por pesadillas nocturnas solían encomendarse a este dios para que los protegiese de ellas.

Thumosis IV, rey egipcio, tuvo un sueño revelador donde se le ofrecía el poder y el reino. En la esfinge de Gizeh se ve una gigantesca inscripción que narra cómo Thumosis IV limpió las arenas de la estatua mencionada, cumpliendo con el mandato del dio Hormakhu, cuya representación es la propia esfinge. Hormakhu había anticipado el destino y subida al trono de Thumosis IV.

EL REY DE CONSTANTINOPLA Y SUS SUEÑOS

Constantino el Grande, convertido al cristianismo, luchaba a brazo partido en favor de su fe. Como era hombre de gran poder mental y místico, recibió muchas veces anuncios y estímulos en sus sueños. Cuando el rey luchaba por la conversión de los romanos a la fe cristiana, tuvo en sueños una revelación que le anunció que su deseo sería cumplido. Vio una cruz luminosa en la que entendió que las fuerzas superiores del Altísimo le concedían las armas necesarias para que triunfara en su intento.

Constantino I el Grande, César romano, sucesor de su padre Constantino Cloro, fue quien consiguió en Milán en el año 313, la autorización para que los cristianos practicaran libremente su religión.

Los importantes acontecimientos de la vida de Constantino el Grande y que tuvieron que ver con Oriente y Occidente, fueron siempre revelados en sueños. Constantino trasladó su reinado a la capital del imperio bizantino que llevó desde entonces su nombre: Constantinopla, hoy Estambul. Constantino, fundó Constantinopla en las márgenes del Bósforo en mayo del año 330.

LA CORRESPONDENCIA SIMBÓLICA DE LOS SUEÑOS EN ANTIGUAS CULTURAS

Los antropólogos Hodgson y Rose realizaron, en 1926, un asombroso trabajo comparativo entre los fundamentos en los que se basan las interpretaciones de Artemidoro de Efeso, el griego que viviera en Roma y fuera oniromante de Marco Aurelio, como ya especificáramos antes, y la interpretación dada a los fenómenos oníricos por una tribu salvaje en Niasalandia, encontrando una notable similitud en la significación de los símbolos.

Ver que se cae un diente o una muela durante el sueño se interpretaba en los tratados de Artemidoro como el anuncio de una muerte en la familia. Para los nativos de Niasalandia, la noticia de la muerte de la mujer o un hijo. Tanto para la gente de la tribu mencionada como para Artemidoro, el fuego representaba la guerra.

Hay también una directa correspondencia entre el pensamiento de Artemidoro de Efeso, el de otros intérpretes griegos y los asirios, hebreos y caldeos. Por ejemplo, para todos ellos soñar con árboles era un buen augurio. Las copas o vasijas rebosantes representaban para los griegos y hebreos un buen augurio. Paz interior y abundancia. Si el cuenco aparecía seco o vacío, todo lo contrario.

En la interrelación de una interpretación cultural y otra, encontramos un común denominador, que es la «inversión» de la significación; por ejemplo, para las antiguas culturas soñar que se perdía un hermano no era un mal presagio, sino el vencer sobre un enemigo; pero soñar que el soñador estaba alegre y riente, era señal de disgusto.

El agua clara, la vegetación y la tierra húmeda y lista para fecundar, en la mayoría de las viejas culturas significa lo positivo, en cambio el barro, la pérdida de dientes, de pelo, de uñas, el fuego, el temblor de tierra, tiene significado negativo, anuncia malos momentos a pasar.

LOS SUEÑOS BÍBLICOS

Tanto en el Antiguo como en el Nuevo Testamento encontramos cantidad de sueños proféticos que guían el destino de los hebreos y de los egipcios durante la permanencia de los judíos en Egipto, y luego de los apóstoles.

El profeta Daniel interpretó el sueño de Nabucodonosor; José, esposo de María, perdonó a ésta y regresó a ella al saber, por una manifestación onírica, que el fruto de su vientre era de raíz Divina y que el Espíritu Santo había participado en la Concepción de su esposa. La mujer de Poncio Pilatos tuvo también un sueño revelador con relación al Mesías, y así se lo hizo saber a su esposo, rogándole que no hiciese nada en su contra.

Numerosos y diversos son los sueños que se narran en las páginas de la Biblia, pero escogeremos para analizar uno entre todos, el clásico sueño de José y las siete vacas gordas y las siete vacas flacas, ya que este sueño no sólo tuvo características premonitorias, sino que tuvo que ver con el destino de los hebreos que vivían en Egipto y con el equilibrio económico de todo el pueblo egipcio.

Veamos, paso por paso, cómo narra la Biblia este sueño del casto José:

José o Joseph, según la expresión bíblica, sufrió la traición y envidia de sus hermanos mayores, ya que él era el preferido de su padre. Hombre de sanas costumbres, espíritu sensible, conducta recta, rostro agraciado, atraía las simpatías de las gentes y su padre le tenía por hijo preferido. También Jehová, cuenta la Biblia, le consideraba uno de sus hijos dilectos. Ante la agresión gratuita de sus hermanos, José recibió la ayuda del Señor y salvó su vida y llegó de la tierra de Canaán a Egipto, vendido como esclavo, pero a salvo.

José que pertenecía a una gran casa hebrea, era hombre refinado y culto, y halló gracia ante su amo, que le distinguió con su aprecio y confianza. Pero la esposa del amo, tentada por la belleza extraordinaria de José, intentó seducirle y él, que era fiel a su amo, se resistió, motivo por el cual, en venganza, la mujer le acusó de intento de seducción, y el amo decepcionado por la supuesta actitud de José le envió a prisión.

Una vez en prisión, el Señor volvió a posar sus ojos en José y le favoreció dándole un poder especial, el de tener la capacidad de interpretar los sueños.

José interpretaba los sueños de algunos compañeros de prisión y esto, unido a su buen comportamiento, hicieron que el regente de la cárcel le diera un cargo dentro de la propia prisión y le brindara su confianza. Un día el panadero y el copero mayor del Faraón, delinquieron en palacio, y el Faraón, indignado por tal actitud, les envió a prisión. José era el encargado de custodiar a los hombres. Una noche ambos hombres tuvieron extraños sueños, al día siguiente consultaron a José, que escuchó el relato de los sueños y los interpretó.

El principal de los coperos había soñado lo siguiente, y así lo relató a José:

> Yo soñaba que veía una vid delante de mí. Y en la vid tres sarmientos, y ella que brotaba y echaba su flor, viniendo a madurar sus racimos de uvas.

> Y la copa de Faraón estaba en mis manos, y tomaba yo las uvas y las exprimía en la copa de Faraón y daba yo la copa en mano a Faraón.

Y el casto José interpretó de la siguiente manera el sueño del copero.

> Esta es la declaración del sueño. Los tres sarmientos significan tres días.
>
> Al cabo de tres días Faraón te hará levantar cabeza y te restituirá a tu puesto y darás la copa a Faraón en su mano, como solías hacerlo cuando eras su copero.

Y le pidió José al copero que cuando estuviera nuevamente al servicio del Faraón tuviese misericordia de él y le rogase a su señor que le sacara de la cárcel. Y concluyó:

> Porque hurtado he sido de la tierra de los hebreos y nada hice aquí para que me pusieran en esta cárcel.

Y fue luego el panadero quien pidió que fuera interpretado su sueño, pero, desgraciadamente, el sueño del panadero era nefasto y anunciaba que el Faraón le haría cortar la cabeza.

Y dice la Biblia al respecto de estas interpretaciones oníricas de José:

> Fue al tercer día, el día del aniversario del nacimiento de Faraón e hizo banquetes a todos sus sirvientes y levantó la cabeza del copero mayor y del principal de los panaderos.
>
> He hizo volver a su oficio al principal de los coperos que dio de beber de su mano a Faraón.
>
> Mas hizo ahorcar al principal de los panaderos como lo había anunciado José.

Pero, cuenta la Biblia, que el principal de los coperos no volvió a recordar a José, ni habló a su señor de él. Pero sucedió que pasados dos años, ee Faraón tuvo un extrañísimo sueño. Nadie sabía interpretar el sueño del monarca y como él mismo estaba vivamente impresionado, insistía el Faraón en averiguar su clave. Fue entonces cuando el copero principal recordó la condición sobrenatural de José para interpretar los sueños y se lo hizo saber a su señor.

El Faraón mandó a buscar de inmediato a José a la cárcel. Allí le bañaron, cortaron el pelo y mudaron las vestiduras para que estuviese presentable. Y fue llevado a presencia del Faraón.

Y el Faraón le relató su sueño:

> En mi sueño parecía que estaba a orillas del río. Y que del río subían siete vacas de gruesas carnes y hermosa apariencia que pacían en el prado.
>
> Y subían luego siete vacas flacas de muy mal aspecto y tan extenuada que no las he visto más feas en toda la tierra de Egipto. Y las vacas flacas y feas devoraban a las siete vacas gordas.

Y luego recordó el Faraón la segunda parte de su sueño en el que aparecían espigas y se lo describió a José para que lo interpretase también:

> Vi, también soñando, que siete espigas subían en una misma caña llenas y hermosas.
>
> Y vi otras siete espigas menudas, marchitas, abatidas por el viento solano.
>
> Y estas espigas subían y devoraban a las siete espigas hermosas. He dicho mi sueño a los magos y no hay quien me lo aclare...

José sonrió, pensó un momento en el sueño y respondió con absoluta seguridad al Faraón:

> El sueño de Faraón es uno mismo. Dios ha mostrado a Faraón, por medio de él lo que va a hacer.
>
> Las siete vacas hermosas siete años son, y las siete espigas hermosas otros siete años. El sueño es uno mismo.
>
> También las siete vacas flacas y feas son siete años y las siete espigas marchitas por el solano, siete años de hambre.
>
> He aquí que vienen siete años de gran hartura en toda la tierra de Egipto.
>
> Y levantarse han siete años de hambre y toda la hartura será ol-

vidada en Egipto. Y aquella abundancia no se verá más a causa del hambre, el cual será gravísimo.

El suceder dos veces el sueño significa que la cosa es firme de parte de Dios, que Dios se apresura a hacerla.

Y José aconsejó al Faraón juntar trigo y alimentos en un gran depósito, ahorrando en los tiempos prósperos para los malos tiempos.

José pasó a ser el gran administrador de estos graneros de reserva del reino y cuando, al poco tiempo, llegaron los siete años de las vacas gordas y Egipto nadaba en la abundancia, gracias a la interpretación del sueño del Faraón por José, el pueblo egipcio guardaba alimentos para su futuro.

La fama de José llegó a los reinos vecinos y también de él se hablaba en la tierra de los hebreos, pero su padre, que le creía muerto, y sus desaprensivos hermanos no suponían que José y el asesor del Faraón de Egipto eran una misma persona.

«Era de la edad de treinta años José cuando llegó a presencia del Faraón» y éste le obsequió con su propio anillo, le vistió de fino lino y le dio poder.

«Y acopió José trigo como arena del mar.»

Y José tuvo dos hijos antes de que vinieran los tiempos de las vacas flacas, su mujer fue Asenet, hija de un sacerdote llamado Putifar.

Y puso a sus hijos de nombre Manasés y Efraín. Al primero porque Dios le había hecho olvidar, con el advenimiento de su hijo, la tristeza de no ver más a su padre, y el nombre de su segundo, significaba su agradecimiento a Dios por la abundancia que disfrutaba en tierra extraña.

Y comenzaron a llegar uno a uno los años del hambre, representado por las vacas flacas. La desolación poblaba los campos y la muerte acababa con los animales, pero el pueblo egipcio tenía alimento suficiente para soportar esos largos siete años.

Jacob, padre de José, ya muy anciano, ante el hambre que también asolaba sus tierra, propuso a sus hijos que fuesen a Egipto, donde la sabia actitud del consejero del rey había previsto los años de miseria de aquellos territorios.

José reconoció a sus hermanos, pero no se vengó; ellos no le reconocieron a él, y José les dio alimentos y les pidió que regresasen trayendo al hermano menor con ellos.

Los hermanos contaron esto a su padre, y le dijeron que aquel varón era áspero, pero que había sido generoso con ellos. El padre no autorizó a que llevaran al hermano menor a presencia de José, pues temía perder al hijo pequeño, tal como había perdido a su otro hijo, José, el preferido.

Y cuando el hambre ceñía los cinturones, las conciencias de los hermanos de José comenzó a trabajar, pensaban que las desgracias que caían sobre la tierra, el hambre y las pestes, eran el castigo que les enviaba Dios por haberse deshecho, años atrás, del hermano y haberlo hecho pasar como muerto ante el padre.

Pero el hambre de Judá era grande y debieron regresar..., lo hicieron con el hermano, luego con el padre, y José, finalmente, pudo volver a ver a su amado padre... Y no sólo perdonó a sus hermanos, sino que les ayudó en lo que pudo. Además, su poder de intérprete de sueños le siguió acompañando toda la vida. Logró, como judío, apoyo de Egipto para su pueblo.

Vemos en el sueño del Faraón y en la interpretación de José los sucesos colectivos de todo un pueblo, el favor personal que recibía José por su capacidad de oniromante y, por reflejo, el apoyo que reciben los hebreos de José y del Faraón en la época de la miseria.

Ningún sueño, ni ninguna interpretación más clara y ligada a la suerte de un país y un pueblo.

La Biblia está repleta de ejemplos de este tipo, donde los sueños se anticipan a los hechos personales o históricos.

Respecto a los hechos históricos, cabe señalar que muchos de ellos han penetrado en las conciencias colectivas y diversas personas, por medio de un símbolo u otro, han recibido el informe onírico del suceso de importancia mundial que pasaría a la historia.

Por ejemplo, Freud se ocupa de un sueño de Bismarck que tendría que ver con un suceso histórico posterior, y Stuard Holroyd, relata y analiza el sueño con implicaciones históricas de la condesa Toutshkoff. La condesa soñó con una batalla que se sucedía próxima a Moscú en un villorrio llamado Borodino. En la batalla veía la figura del gran corso, Napoleón Bonaparte, y la de su propio esposo, el general Toutshkoff. Con ciertas aprensiones nacidas del sueño, la condesa buscó en el mapa ruso un lugar próximo a Moscú que llevara el nombre de Borodino, pero no lo encontró, esto la tranquilizó y atribuyó a la impresión que le había hecho la invasión de Napoleón al territorio ruso ese verano de 1812 el nombre y los sucesos aparecidos en su sueño.

El día 7 de septiembre, de ese mismo año, tres meses después del sueño, el ejército ruso se enfrentó al napoleónico muy cerca de Moscú, en una localidad llamada Borodino. Esta pequeña población, por carecer de importancia, no había sido incluida en la mayoría de los mapas, por eso al buscar un lugar llamado Borodino en el mapa de Rusia la condesa no lo había podido hallar. La batalla se produjo tal como la dama había soñado y se cumplió su premonición, pues como ella había visto en su sueño, su esposo moría en la lucha.

Algo sucede, evidentemente, con el juego del tiempo y el destiempo, y más allá de la barrera del tiempo las cosas parecieran estar como fijadas permanentemente en una frecuencia dimensional distinta, donde se funde el pasado, el presente y el futuro. Una dimensión donde quizá los grandes sucesos son guardados como se guarda una cinta de vídeo o casete, reproduciendo la imagen y el sonido en el momento de la conexión en este caso de los sueños, de la conexión psíquica. Y hablar del fenómeno del tiempo no es precisamente entrar en temas paranormales, sino simplemente remitirnos a la física y pensar en las teorías de la relatividad de Einstein.

CAPÍTULO VI

EL MENSAJE DE LOS SUEÑOS

«Un sueño incomprendido es como una carta sin leer.»
Del *Talmud,* libro sagrado de los hebreos

Premonición: *Guía de nuestros pasos, comunicación con las esferas superiores, reflejo de nuestros instintos y deseos, memoria de nuestro pasado, voz de nuestro karma, espejismo y fantasía, todo eso y mucho más, representa la mecánica diaria de soñar...*

SOÑAR...

En la época de los babilonios, ya se le daba gran importancia a los sueños. Por supuesto, no la interpretación onírica de fundamentos psicoanalíticos que se le da ahora, sino que se los relacionaba estrechamente con el futuro, con el sentimiento y la vida privada del soñador. En la época de la mayor grandeza de Babilonia, nace del pensamiento de su pueblo en caracteres cuneiformes, quizá la más antigua información histórica que se conoce, testimonios que refieren claramente a los sueños y su vinculación con el futuro. Según la epopeya de Gilgamesh, los sueños son de capital importancia en la vida de los hombres y los pueblos.

Según Platón, el filósofo de los filósofos, el sueño es una advertencia que, acerca del futuro, nos hacen los dioses.

Aristóteles, en cambio, si bien se preocupó especialmente por conocer la razón de los sueños y sus implicaciones psicológicas, cree por el contrario de Platón —que fue su maestro— que en los sueños, nuestro subconsciente despierta en nosotros una percepción especial que nos hace recibir los mensajes de nuestro cuerpo y nuestra psique, en forma de símbolos. Por ejemplo, según Aristóteles, si una vivencia onírica indica enfermedad, es porque ésta ya está gestándose o se ha declarado en nuestro cuerpo; y nuestra percepción natural, que se afirma en la vigilia, actúa como paquete informativo de algo que ya se produjo o se está produciendo en nosotros. Sin embargo, si soñamos con desencuentros y angustias, que simbólicamente representen daños morales o desengaños, así como cualquier tipo de dolor moral, el sueño indica, además de un suceso amargo de orden afectivo, que nuestro inconsciente captó el «clímax» adverso y lo reflejó en el sueño, o interpretó nuestros propios sentimientos, que no han aflorado al consciente...

Los sueños pueden ser premonitorios, pueden ser tan sólo visiones nocturnas, productos de una copiosa comida..., y pueden ser, y lo son la mayoría de las veces, de carácter psicológico.

Es importante aclarar que los sueños premonitorios no se producen constantemente, además, no todas las personas pueden tenerlos.

Se dice que fue un sueño «guía» quien indujo a Buda por el camino de fe y del amor universal.

ALGUNOS GRANDES SOÑADORES Y SUS PROFECÍAS

Alejandro Magno se sentía ante un gran fracaso durante el sitio de Tiro. Pasó terribles noches de insomnio. Sus fuertes nervios estaban resentidos y sus digestiones, a raíz del disgusto que la situación de Tiro le producía, eran pésimas. Era el atardecer cuando se tumbó sobre unos cojines, vencido por el agotamiento, para descansar un poco. Tuvo entonces un extrañísimo sueño, en el que un sátiro jugaba el rol protagónico. Se despertó bruscamente bañado en sudor, con la sensación de que lo soñado era real. Inquieto por la visión onírica, mandó llamar a su oniromante. El intérprete de los sueños de Alejandro Magno se llamaba Aristandro. Por pedido de Alejandro Magno, analizó el sueño minuciosamente y lo interpretó como un sueño profético, donde se hallaba la clave para el conflicto del sitio de Tiro. Fue así como el gran conquistador, alentado por el mensaje que recibió en sueños, resolvió persistir en el sitio de Tiro, olvidando que alguna vez, agotado y pesimista, pensó abandonarlo. El sueño del sátiro fue una carta con mensaje-guía y, al escucharla, Alejandro Magno tuvo otra gran victoria.

Goethe tenía grandes sueños, poblados de colores y músicas bellísimas. Según él mismo dice: «En los sueños me he sentido muchas veces llevado por un extraño instinto que me impulsó a escribir».

Artemidoro de Efeso era el más célebre intérprete de la época «Marcoaureliana». A este oniromante consultaba sus sueños el propio Marco Aurelio.

Una gran figura de la democracia americana, Abraham Lincoln, tuvo un sueño premonitorio que es muy conocido. El sueño señalaba, con detalles minuciosos, su propia muerte. Pocos días antes del atentado que le costó la vida, Lincoln relató a su esposa el sueño que había tenido en la noche. Se veía a sí mismo entrando en la Casa Blanca. Allí estaba un catafalco cubierto con una bandera. Vio a varios soldados que custodiaban el lugar. Se aproximó a uno de ellos y le preguntó: ¿Quién yace allí? ¡El señor Presidente!, le contestaron.

Es posible que el subconsciente de Lincoln estuviera alertado contra posibles atentados, pues sabía que todo hombre público renovador tenía enemigos. Es posible que el pensamiento intenso de Booth, que planeaba asesinarle, hubiera llegado en forma de una telepatía no premeditada, sino espontánea, al presidente. Sea cual fuere el mecanismo de este sueño, no modifica el hecho de que la vivencia onírica del presidente de los Estados Unidos, haya sido profética.

Cuando ocurrió la catástrofe del *Titanic*, se registraron muchos sueños premonitorios que anunciaban el desastre. J. G. Prat cita algunos casos concretos en su libro, titulado *Parapsicología moderna.*

Antes de la primera guerra mundial, el obispo húngaro Josef Lanyin, que había sido profesor del archiduque de Austria, don

Francisco Fernando, tuvo un sueño premonitorio de características históricas.

Siendo la madrugada del día 28 de julio de 1914, el obispo de Grosswardien, Hungría, doctor Josef Lanyin, tuvo un sueño con tales visos de realidad que despertó bañado en una transpiración fría y con el corazón que le latía velozmente.

Monseñor Lanyin se levantó..., toda la casa dormía. Estaba amaneciendo cuando, aún impresionado por lo real de su sueño, escribió en papel blanco del obispado, el relato de lo soñado y que decía lo siguiente:

«En la madrugada del 28 de julio de 1914 me he despertado a las tres y media de la madrugada de un sueño espantoso. He soñado que estaba sentado a mi mesa de trabajo para despachar la correspondencia. Encima de las cartas recibidas ese día, había un sobre con la orla negra, el sello y el escudo del Archiduque. Reconocí en seguida su caligrafía. Abrí el sobre y saqué una hoja, en lo alto de la cual vi una imagen azul, parecida a las de las tarjetas postales, que representaba una calle y un estrecho callejón. Sus altezas estaban sentadas en un automóvil; frente a ellos había un general, y al lado del chófer, un oficial. A ambos lados de la calle se agolpaba un gentío enorme. Dos jóvenes saltaban sobre el automóvil y disparaban sobre sus altezas.

»La carta que recibí en sueños, tenía el siguiente texto: Excelencia, caro doctor Lanyin. Le comunico que hoy caigo con mi esposa, en Sarajevo, víctima de un atentado. Nos encomendamos a sus oraciones. De corazón le saluda su archiduque Francisco. Sarajevo, 28 de julio.»

El obispo, totalmente consternado por el sueño, y temiendo que se tratara de una verdadera premonición, al despuntar el alba se dirigió al lugar donde estaba la capilla del obispo en compañía de su madre y un amigo. Los tres rezaron por la suerte del Archiduque y pidieron que el sueño no fuera una premonición, sino, simplemente, una pesadilla. Pero desgraciadamente no fue así. La historia daba el primer paso, el 28 de julio, hacia lo que desataría la primera guerra mundial. Como es sabido, en esta fecha el archiduque Francisco y su esposa caían víctimas del célebre atentado de Sarajevo, al regresar en auto, seguidos de un importante séquito, de una fiesta dada en su honor. En esta oportunidad, el revolucionario Prinzip disparó a quemarropa sobre el archiduque austríaco y su mujer. Junto a ellos, en el automóvil, iban un chófer guiando el mismo y el general Potioreck. Este chófer y el general Potioreck, eran los personajes que también aparecían, rodeando al Archiduque, en el sueño del obispo Lanyin. Todos estos relatos de sueños de implicaciones históricas que he relatado, nos dan la prueba del suceso. Lincoln sueña con su propio entierro. Ve el catafalco cubierto con una bandera de los Estados Unidos de Norteamérica. Su esposa y allegados dan fe, que después de tan dramático sueño, dijo: «Soñé que entraba a Casa Blanca, había allí un catafalco cubierto con una bandera. Pregunté al soldado de la guardia de honor quién había muerto, y me respondió: "El señor Presidente de los Estados Unidos. Lo han asesinado".» Las crónicas del momento, relatan que al ser informada la señora Lincoln de la muerte de su esposo, exclamó: «¡Aquel sueño! ¡Mi marido lo había previsto!»

Respecto al caso de Sarajevo, la psicóloga norteamericana Fanny Moser nos da la siguiente interpretación:

«Hubiera podido tratarse, sencillamente, de un sueño que reflejaba el miedo del obispo por el peligro al cual se exponía el Archiduque. Puede afirmarse, en efecto, que el atentado estaba en el aire. El Gobierno serbio había aconsejado sin ambages a Viena que aplazase el viaje porque el día de la visita del archiduque Francisco Fernando, sucesor en línea directa del trono austríaco, coincidía con una Fiesta Nacional serbia que, presumiblemente, haría desbordar los sentimientos patrióticos de la población.»

De Lincoln, según Peter Kolosimo, interesante investigador de estos fenómenos, puede decirse lo mismo que del caso del archiduque Francisco Fernando. Según Kolosimo, en el libro *Guía del mundo de los sueños:* «El gran estadista era ciertamente un hombre valeroso y, además, podía pensar que las amenazas se quedarían en eso, pero ello no bastaba para impedir un temor inconsciente de lo que pudiera acaecer se manifestara en sueños».

Sea como sea, las vivencias oníricas que les he relatado son hecho comprobados. Hubo un sueño, hubo una proyección real en la vida del soñador, poco tiempo después del sueño.

La doctora Hollodyck, del centro de investigaciones parapsicológicas Hollodyck and Matjius de Nueva York, me contó el año pasado unas experiencias registradas por ella en su Instituto, y que paso a exponer:

EL CASO «HELP» (SOCORRO)

1966, Nueva York. Las jóvenes Emilse Sujoy y Mónica Bird, de veintitrés años la primera y veintiuno la segunda, eran buenas amigas. Mónica había entablado relación con Emilse por intermedio del hermano menor de ésta, de veintiún años, como Mónica, y que concurría al mismo curso universitario que la citada. Mónica tenía un serio problema en sus relaciones familiares. Su madre había fallecido cuando ella tenía dieciséis años, víctima de un cáncer implacable a la sangre. Ella vivía con su padre. El padre de Mónica era ejecutivo de una firma de gran prestigio nacional. La bebida perjudicaban su trabajo y su salud, tenía una úlcera producida por la bebida y cálculos renales. Pero lo más grave eran sus explosiones neuróticas. Llegaba tarde por la noche a casa y, según su estado de ánimo, rompía cosas, gritaba y hasta llegaba a castigar a su hija. Mónica había idealizado la figura de Emilse Sujoy, la clásica chica judía norteamericana, inteligente, sensata, organizada. Además, Emilse estaba de novia con un médico psiquiatra y la pareja mantenía la más armoniosa de las relaciones prematrimoniales. Emilse estudiaba música y seguía un curso de historia de las religiones.

Un fin de semana, Ted, hermano de Emilse, invitó a Mónica a pasar el día en la casa de los Sujoy, en las afueras, donde había una gran piscina rodeada de un parral muy viejo, que cuidaba amorosamente el abuelo de los jóvenes Sujoy. Después de la cena, Ted y el novio de su hermana fueron hasta el pueblo en busca de tabaco y las chicas quedaron sentadas en sendas tumbonas, junto a la piscina. En el interior, los padres y los abuelos de Emilse Sujoy jugaban a las cartas. Mónica confió a Emilse sus angustias. Ésta trató de aconsejarle según su mejor criterio, pero viendo que poco podía hacer para dar luz y paz a la perturbada Mónica, que tenía graves problemas de relación con el medio, que había fracasado recientemente en una relación afectiva, optó por hablarle de la fe y la comunicación con las fuerzas superiores. Como era estudiante de historia de las religiones, tocó, lo mejor que pudo, el tema del milagro.

A Emilse la conversación no le pareció fundamental, pero el pobre espíritu de Mónica, tan perturbado por sus conflictos íntimos, grabó totalmente lo conversado esa noche junto a la piscina.

Dos semanas después, Mónica, que se había enterado que su ex novio se casaba con una amiga común y, después de una violenta discusión con su padre que regresó a la casa totalmente inhibido por el alcohol, resolvió suicidarse.

Esa madrugada, a las doce y media, Mónica tuvo un sueño escalofriante. El sueño tenía vivos colores. En él, se veía a ella misma regando la parra que su abuelo había plantado junto a la piscina, más allá, veía un gallinero repleto de aves. En medio de ese lugar estaba, acurrucada como un pollo mojado, Mónica. Emilse se daba cuenta que algo sucedía a Mónica, pero no tenía claro qué era... Intentó ir a ella, pero no podía avanzar... Entonces oyó la voz lastimera de Mónica, que decía: «Emilse, Emilse, tú que oíste hablar de Dios alguna vez, ruega por mí... Emilse, acabo de envenenarme, no me interesa la vida, pero tengo miedo de morir...» Y entonces, Emilse vio en su vivencia, que una gallina grisácea, con manchas marrones, remontaba el vuelo torpe y caía en el barro... En ese momento se escuchaba a ella misma gritando, a voz en cuello: ¡MÓNICA! Se despertó gritando..., toda la familia Sujoy se despertó con ella. Eran las dos y media de la mañana. Contó a sus padres y hermano lo soñado. Ellos la tranquilizaron diciéndole que seguramente estaba «acostada del lado del corazón» y por eso había tenido el sobresalto, o quizás el sueño o pesadilla fuera resultante de una cena copiosa. Nada pudo calmar a Emilse. Finalmente, y siendo las tres de las mañana, ante las protestas de sus familiares, llamó a la casa de Mónica. Nadie respondió a la llamada. La madre de Emilse le dijo:

«¿Has visto? Esa familia está durmiendo y ni siquiera oyen la campanilla del teléfono». Emilse ya no pudo acostarse. Se quedó levantada, fumando... sabía que de un momento a otro sonaría el teléfono y habría noticias de Mónica. Así fue, a las cuatro y diez de la madrugada, el padre de Mónica llamaba a la casa de los Sujoy para informarles que su hija se había envenenado con barbitúricos, acababa de entrar en coma, eran sus momentos finales. El señor estaba desesperado. Dio los datos del hospital donde estaba internada su hija y cortó la comunicación. Ted resolvió ir para allí inmediatamente, pero Emilse no quiso hacerlo, sabía que algo aún podía hacer. Corrió hacia el lugar donde estaba la piscina, y comenzó a pedir con todas sus fuerzas por la salvación de Mónica. Su padre al verla tan trastornada, la obligó a entrar en casa y tomar un calmante. A las cinco y veinte de la madrugada, los Sujoy en pleno llegaban al hospital. El padre, en el gran hall, lloraba como un niño, de un momento a otro se produciría el fatal desenlace. Pero no se produjo. Ante el asombro de los médicos que atendían la sala de terapia intensiva, Mónica, como si un pulmotor imaginario le insuflara oxígeno, comenzó a respirar con fuerza, sobre las cinco cuarenta y cinco... Cuando llegó el día, había salido del estado de coma. Quedó un mes ingresada. Su estado físico era delicado. Por consejo de los facultativos, ella y su padre iniciaron tratamiento terapéutico. El padre, a su vez, resolvió pedir ayuda al centro conocido como Alcohólicos Anónimos de Nueva York.

Este fue un sueño «premonitorio» que sirvió de guía y auxilio. Emilse Sujoy pudo, con el poder de su mente, ayudar en el ordenamiento de su recuperación a Mónica. Fue un fenómeno espontáneo, tanto el sueño premonitorio que anunciaba el problema, como la concentración mental producida en el sujeto receptor del mensaje, en este caso Emilse Sujoy, para ayudar con su pensamiento a la atribulada amiga.

Emilse, según explica la psicóloga Hollodyck, penetró en campo «psi» de Mónica, pero antes había recibido el pedido de ayuda «subconsciente» de la otra parte. Según los investigadores del instituto parapsicológico Hollodyck and Matjius, aquí se trató de un caso de «telepatía espontánea a distancia» enviado en su estado límite (el estado comatoso de Mónica) y recibido por Emilse en un estado especial de alerta, como lo es el sueño. Mientras dormimos, nuestro cuerpo y nuestra mente están alertados para cualquier tipo de sobresalto o peligro. En este estado perspectivo de sucesos internos y externos, es más fácil recibir una comunicación de este tipo.

Según la psicóloga Hollodyck, el hombre cuando sueña elabora y representa determinadas necesidades existenciales.

Roger, autor del libro *Los sueños,* dice que: «La sabiduría ordinaria de la vida se revela en los sueños, indicándonos éstos los mejores caminos a seguir en la vida».

Pero también es importante recordar que no todos los sueños tienen carácter profético, ni todas las personas logramos, por medio de la vivencia onírica, recibir mensajes premonitorios o la visión de nuestro futuro.

De todos modos, con la llegada de Freud a la psiquiatría moderna, el sueño pasó a ser un elemento existencial de importancia, y los seguidores de Freud, hombres de la talla intelectual y científica de Jung, Rank y otros muchos más, han situado el sueño en un lugar de privilegio en la investigación de la mente.

No todo está dicho o investigado en el fenómeno onírico, aún queda mucho por andar en este subyugante terreno de la mente.

CAPÍTULO VII

SIMBOLOGÍA ONÍRICA DE LOS NÚMEROS

No es nada extraño que en algunas oportunidades se sueñe con números. Nuestra forma de vida actual nos lleva a utilizar el factor numérico a cada momento y por lo general todo se queda grabado en nuestro subconsciente.

A veces soñamos con un número compuesto determinado, digamos 1918; cuando en el fenómeno onírico aparece una cifra compuesta por cuatro dígitos, debemos tener en cuenta dicho número, pues a veces nos indica nuestro año de nacimiento, otras un acontecimiento importante que ocurrió en la fecha que nos indican los números, etc. Todo esto significa que también mediante la expresión numérica podemos remover contenidos del subconsciente.

Los números responden a una cábala muy antigua que se denomina «Cábala Numérica»; los números pequeños de dicha cábala, que se encuentran correlacionados del 1 al 12, representan individualmente una personalidad con sus energías correspondientes.

Veamos pues la naturaleza histórico-cultural de cada uno de estos números.

El 1: Significa punto de partida de todo lo existente. El número supremo, la unidad indivisible, lo sólido.

El 2: Dualidad-dicotomía-camaradería-antagonismo. Es el principio del Yin y el Yang; lo masculino y lo femenino, lo duro y lo blando, la luz y las tinieblas.

El 3: Significa el futuro; el hijo, todo lo engendrado. Se lo denomina elemento de voluntad. A este número se lo relaciona con la divinidad.

En la India la omnipotencia de la Divinidad es representada por tres seres en uno sólo: Brahma (el Creador), VISHNÚ (el protector) y SHIVA (el Destructor).

El número 3 significa la energía en acción, en la personificación de la actividad. Está en relación directa con los tres tiempos a los que nos encontramos sujetos. Presente, Pasado y Futuro.

El 4: Es un número de signo. Cuatro estaciones se suceden a lo largo del año. Cuatro materiales componen el mundo visible: agua, tierra, fuego, aire. Según Pitágoras es el origen y raíz de la Naturaleza.

La familia «tipo» está integrada por cuatro individuos: padre, madre, hijo e hija.

Cuatro son los puntos cardinales y en cuatro está dividido el día: mañana, mediodía, tarde y noche.

Cuatro, asimismo, fueron los Evangelistas que escribieron la doctrina de Jesús.

El 5: Es el número de la vida natural y al aire libre. Está directamente relacionado con los cinco planetas de la antigüedad.

El 6: Es un número que acude en ayuda del 4 para formar una totalidad más completa. A los cuatro puntos cardinales le agregamos *arriba* y *abajo* y tenemos 6 puntos de referencia.

Un cubo está formado por 6 cuadrados, que forman un objeto armónico. Este número era denominado «el que acude para completar lo inarmónico».

El 7: Es el número sacro. Siete eran los grandes dioses de la mitología griega. Siete eran los ángeles y siete las Hermandades mencionadas en las Sagradas Escrituras. De siete días está compuesta la semana. Siete son los pecados capitales. Siete son, asimismo, las grandes virtudes.

El 8: Dobla al cuatro y, por esa razón, se lo identifica con su mitad.

El 9: El más próximo a la Creación después del 1, potencializa la acción del 3.

El 10: Sólo indica soledad, una dramática asociación; el 1 principio de lo creado, el 0 la nada; la conjunción de estos dos números indica la «Soledad del Creador». Se entiende que la soledad es el primer amigo con el que nace el hombre y el único con el que se va de este mundo.

El 11: Significa el antagonismo de todo lo creado; dos polos iguales entre sí, se repelen.

El 12: Se remonta a la antigua Babilonia; doce son los signos del Zodíaco; doce eran los discípulos de Cristo.

CAPÍTULO VIII

REPERCUSIÓN DE LAS CATÁSTROFES MUNDIALES EN LOS SUEÑOS

El hundimiento del Titanic, *la invasión de Varsovia, el secuestro del bebé Lindbergh, la muerte de María Antonieta, el bombardeo atómico de Hiroshima, así como terremotos, catástrofes aéreas o ferroviarias, asesinatos de presidentes, caída de altos gobernantes suelen surgir en los sueños de personas que algunas veces están relacionadas de algún modo con el hecho. Pero, por lo general, estos sueños se presentan a personas comunes que nada tienen que ver con el suceso catastrófico y el mensaje onírico suele tomar expresión colectiva.*

EL RADAR NOCTURNO

En la noche y durante el sueño pareciera ponerse en marcha un radar que alertara a determinados individuos respecto a sucesos luctuosos de repercusión mundial. Es como si las conciencias colectivas recibieran el mensaje.

En Japón, numerosas personas soñaron, durante la semana anterior al suceso de Hiroshima, con el estallido y la pulverización de una isla, con el lamento de miles de seres, etcétera, pero esto tiene una explicación: vivían la guerra cara a cara y la idea de un bombardeo mayúsculo estaba unida a la idea de supervivencia. Pero se da el caso de varios parapsicólogos del Brasil que, trabajando en equipo, detectaron once sueños que anunciaban ese fenómeno bélico. Los informantes oníricos (soñadores) vivían en San Pablo, nueve de ellos de origen japonés, algunos residentes en esa ciudad, otros nacidos allí, pero de raza japonesa; el resto eran mujeres que nada tenían que ver con esa colectividad en Brasil, ni con el Japón en sí. La señora Daljama Souca dos Ventos, setenta horas antes del ataque a Hiro-shima, soñó que sobrevolaba (volando ella como un pájaro) una isla y que, de pronto, el sol se precipitaba como una bola de fuego sobre la isla y todo se convertía en ceniza…, las cenizas de dispersaban por el aire y lanzaban gemidos horribles. Ella se sintió como en la oscuridad y con la sensación de que perdía altura, le pareció que caería en el mar convirtiéndose en ceniza y se le oyó gritar: «Debo "volar" de aquí, los japoneses se mueren, se pulverizan». Aún seguía gritando al despertarse. Como el sueño fue vívido y la dejó muy afectada, lo comentó con su familia y luego en el ministerio en el que trabajaba, pues a raíz de la vivencia onírica le había subido la tensión arterial y ella no tenía esos problemas. Setenta horas después de su sueño, como es de suponer, se produjo el genocidio.

Kahjita Moamoto, de cincuenta y tres años, nacionalizado brasileño, nacido en Osaka, Japón, soñó que se encontraba en las afueras de su ciudad natal con su madre, a la que hacía veintisiete años que no veía, y que ésta le decía: «Hijo, te he citado aquí para decirte que estoy bien y que nada me ha sucedido, pero mi hermana Michiko y sus cuatro hijos fueron desintegrados por los yanquis».

El señor Kahjita, practicaba el espiritismo y consultó en un centro espiritista respecto al sueño que había tenido. Allí le dijeron que su madre quería prevenirle que su prima corría un grave riesgo y que ella, como claramente le decía, se salvaría del mismo.

Tres semanas después, cuando sucedió lo de Hiroshima, el señor Kahjita quedó petrificado, su prima Michiko, de cincuenta y nueve años de edad, y sus hijos vivían en Hiroshima. Al cabo de tres meses tuvo noticias directas de su madre, enterándose de que estaba perfectamente, pero esto él ya lo había sabido por anticipado.

Eva Hellstrom, investigadora sueca de fenómenos paranormales, tuvo un sueño revelador que le anunciaba una catástrofe. En su pantalla onírica se proyectó un grave accidente de tránsito. Al igual que la señora Souca dos Ventos, se vio sobrevolando, en compañía de su esposo, la ciudad de Estocolmo donde residían. En el sueño sentía que se desplazaba en forma ondulante y que al bajar la vista veía un tranvía color azul chocar contra un tren verde. Como el sueño le pareció que revestía algo así como una anticipación, lo registró en su libro de notas consignando el color del tren, ya que trenes verdes no existían en ese momento en Estocolmo. La señora Hellstrom detalló minuciosamente el accidente callejero y hasta llegó a trazar un croquis del choque. Dos años después entraron en servicio unos trenes de color verde. El día 4 de marzo de 1956 se produjo una gravísima colisión entre uno de esos trenes verdes y un tranvía azul número cuatro.

La señora Hellstrom constató los detalles con los descritos por ella anteriormente y comprobó que la colisión había sido de la forma y magnitud que ella indicara. Lo que es más, el lugar del accidente, la calle Valhallavegen había sido también registrada por ella, así como el lugar del cual procedían el tren verde, y que Djursholm era un suburbio de Estocolmo.

El celebrado investigador alemán Dr. Hans Bender, se preocupa especialmente por los mensajes premonitorios de los sueños, especialmente si tienen que ver con hechos colectivos o sucesos de orden mundial. Hans Bender es profesor de la Universidad de Friburgo. Este investigador ha realizado exhaustivos estudios sobre sueños relacionados con la segunda Guerra Mundial. Entre estos sueños analizados por Bender seleccionemos uno. Es un sueño de los llamados recurrentes y describe lo siguiente:

> Dos semanas después del nacimiento de su bebé, una joven madre alemana tuvo un sueño que la impresionó vivamente. Se veía paseando por la playa, una playa desconocida, se veía mal, angustiada y, de pronto, se encontró arañando la arena y llamando a su hijo.

Aún gritaba: ¡Hans!, el nombre de su bebé, cuando se despertó. Su esposo la tranquilizó diciéndole que se trataba de una pesadilla y que era común que las madres de recién nacidos tuvieran sueños angustiantes, debido a la preocupación y responsabilidad que la presencia de un recién nacido representa en la familia, especialmente para la madre.

Al cabo de un tiempo el sueño se volvió a repetir y la señora se vio gritando a voz en cuello a su esposo, que le acompañaba esta vez en el sueño:

> ¡Debemos encontrar a nuestro hijito, yace junto al mar, debajo de la arena! ¡Ayúdame, debemos encontrarle!

Fueron pasando los años, y cada tanto tiempo el sueño volvía a repetirse, incluía algunas modificaciones, pero su argumento básico era el mismo; verse en la playa buscando a su hijo bajo la arena.

El primer sueño de la señora sucedió en el año 1919, pero veintisiete años después, durante la segunda Guerra Mundial, la señora vio con profundo dolor que su sueño reiterativo de toda la vida no había sido una pesadilla, sino una anticipación onírica. Su hijo Hans murió en 1946, en un campo de concentración francés. Después de una larga búsqueda, la señora logró encontrar la tumba de su hijo Hans en la playa arenosa de Fort Mahon, a unos ochocientos metros del mar.

Cuando el campeón mundial de boxeo Rocky Marciano se estrelló con un avión Piper, matrícula N 3149 X, varias personas soñaron la noche anterior el accidente con la catástrofe de un avión o con el propio boxeador en peligro, pero un joven que vivía en Nueva York, de origen extranjero, alcanzó a ver en su sueño un Piper estrellado; en el sueño aparecía en forma nítida una letra: la N y unos números que se confundían entre sí, pero entre los que resaltaba el número 9. Como ya lo señaláramos antes, la matrícula del Piper era: N 3149. Este sueño fue en su momento debidamente registrado en el Registro Nacional de Premoniciones, que funciona en Nueva York y donde todos aquellos que consideran haber tenido un sueño guía o de información de catástrofe deben llamar indicando las características del sueño o el tipo de premonición que se tuvo, y el instituto las regis-

Durante la última guerra ocurrieron numerosos casos de sueños premonitorios de catástrofes y combates

tra, controla y estudia posteriormente. El sueño de que hacemos mención se realizó antes del accidente por el sujeto informante.

En la década del treinta, un secuestro repercutió en la prensa mundial y en los sentimientos humanos de los pueblos: el secuestro y la posterior muerte del bebé Lindbergh, hijo de Charles Lindbergh que, como es de público dominio, fue el primer aviador que cruzó al Atlántico.

Por ese entonces y antes de encontrarse el cuerpo del niño, casi 1300 personas en los Estados Unidos y Canadá soñaron con la aparición del niño muerto, algunos sueños incluían la desnudez del bebé en la secuencia onírica y otros le veían en una fosa.

Se recopilaron estos sueños bajo la supervisión de un grupo de estudiosos del tema premonición e información por los sueños de hechos catastróficos, pertenecientes a la Universidad de Harvard.

Cantidad de sueños premonitorios fueron registrados horas y días antes del hundimiento del *Titanic.* Algunas personas tenían relación directa con los viajeros del transatlántico trágicamente desaparecido en aguas del Atlántico, pero otros no guardaban la más mínima ligazón con el tema y sin embargo soñaron con el siniestro las horas anteriores al mismo.

María Antonieta, ya encarcelada, pero sin saber cuál sería su destino, soñó con un sol que estallaba, cayendo sobre una erguida columna y destrozándola, y comprendió que algo terrible se cernía sobre ella y el rey. Pocos días después fue a la guillotina.

En los Estados Unidos existe una mujer de condiciones paranormales asombrosas: Clarisa Bernhardt. Esta mujer a quien atiende especialmente el F.B.I. y el Geological Survey de Denver (EE.UU.), tomando nota de sus sueños premonitorios y sus visiones proféticas, es un ser especialísimo en lo que a sensibilidad se refiere. Poseedora de una gran personalidad, un carácter resuelto y asombrosas condiciones premonitorias alcanzadas en las vivencias oníricas y en las ensoñaciones o videncias, Clarisa Bernhardt ha logrado que entidades tales como el F.B.I., refractarias a toda alternativa fantasiosa, escuchen sus predicciones.

LAS PREDICCIONES DE CATÁSTROFES Y HECHOS POLÍTICOS DE CLARISA BERNHARDT

Merecen estas predicciones oníricas y videnciales un renglón aparte. El día 5 de agosto de 1975, Clarisa vio en una vivencia onírica que una joven vestida de Caperucita Roja apuntaba con una pistola al presidente Gerald Ford. De inmediato se puso en contacto con el departamento de investigaciones federal, informando de su sueño e insistiendo sobre el mensaje: el presidente podría ser víctima de un atentado que le costaría la vida. La clave, una joven idéntica a Caperucita Roja. El acontecimiento, informó Clarisa al F.B.I., se produciría al mes exacto de su sueño, septiembre de 1975, día cinco.

En Sacramento (California), el día 5 de septiembre de 1975, Lynette Fromme intentó atentar contra Gerald Ford, iba a hacerlo con una pistola y su acción fue desbaratada por los agentes de la custodia que actuaron rápidamente. Lynette Fromme llevaba puesta, en esa ocasión de ribetes de trascendencia mundial, una capucha roja.

Durante la tarde del 30 de mayo de 1976, Clarisa tuvo como un ensueño y en él vio como todo un pueblo se agitaba y temblaba con sus casas. Luego todo se derrumbaba y caía. Sobre el pueblo destruido corría el lodo y desde el fango y la destrucción dantesca llegaban hasta ella horrorosos gritos de angustia. Y ella misma ha dicho al respecto:

> En esa ensoñación sentí una potente sensación que me indicaba que se estaba produciendo en una isla del Pacífico. Mis labios temblaban, me preguntaba desesperada cuándo sucedería y en ese momento vi un calendario con sus páginas abiertas en el mes de junio y el día 26 señalado con un gran círculo. Unos segundos después, el número siete bailó ante mí.

Clarisa dedujo que su visión surgida en la extraña ensoñación le indicaba que el día 26 de junio, en una isla del Pacífico se produciría un terremoto en la magnitud 7 de la escala Richter.

Angustiada por la claridad del mensaje de su ensoñación Clarisa se puso en contacto con el eminente doctor John Derr, geofísico y coordinador del Servicio de Información Nacional sobre Terremotos. También envió por escrito su premonición al Dr. David

Stewart, sismólogo y director del McCarthy Geophysical Laboratory de la Universidad de Carolina del Norte.

Únicamente el doctor Derr atendió a su información, limitándose a introducir la información en el computador del servicio.

El día 26 de junio, a las cuatro de la madrugada, el terremoto sacudió la isla de Nueva Guinea con una magnitud de 7,1 en la escala Richter.

Asombrados por la exactitud de la predicción de la señora Bernhardt, los dos científicos que habían sido informados comentaron lo sucedido, que estaban convencidos que la mente humana, ya sea en sueño o despierta, puede captar las características e intensidad de un fenómeno sísmico.

El doctor Stewart dijo a la prensa especializada respecto a Clarisa Bernhardt y su condición de detectar terremotos:

> La tecnología no ha llegado ni a aproximarse a la precisión que ella consiguió. Lo más que hubiera podido prever la ciencia actual en la predicción de este terremoto en particular hubiera sido preverlo para dentro de un período comprendido entre seis y ocho meses.

El doctor Telemachos Grenias, psicólogo clínico de la Archidiócesis de California del Norte y que estudia los fenómenos de este tipo, dijo con relación a las revelaciones producidas en sueños y en ensoñaciones vividas por Clarisa:

> Clarisa me ha hecho revelaciones en privado y su precisión ha sido sorprendentemente alta.

En un estado entre la realidad y el ensueño, esta mujer altamente psíquica alcanza a adelantarse a los hechos o capta, según sea el caso, lo que ya está gestándose. Las videncias premonitorias de Clarisa, tanto proceden del sueño en sí durante la noche o la siesta o de la vivencia de ensoñación. En estado intermedio entre el soñar y el estar despierto.

Es evidente que algo sucede en relación a los hechos catastróficos y los sueños colectivos.

Deberíamos analizar aquí el fenómeno del tiempo. En este tipo de sueños pareciera que se traspasa tal barrera que limita exclusivamente al hombre terreno y se penetrara en destiempo.

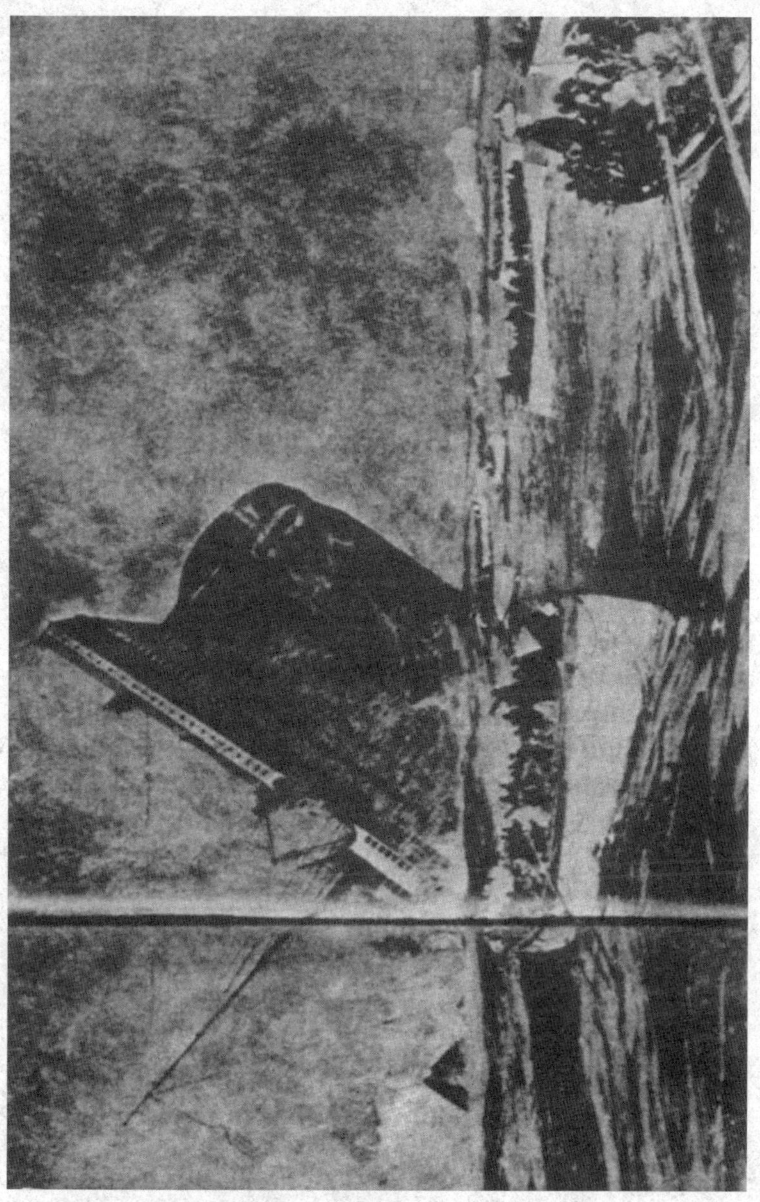

Hubo numerosas alertas antes del hundimiento del *Titanic*

CAPÍTULO IX

LA REVERBERACIÓN DEL TIEMPO

Para poder alcanzar a comprender el fenómeno onírico de la premonición, del misterio de adelantarse en sueños a los acontecimientos, debemos echar un vistazo al juego del tiempo y a su relatividad.

En los últimos setenta años, la ciencia ha descubierto que el mundo no consiste en puntos fijos, sino en acontecimientos. No puede existir nada en el espacio si antes no existe en el tiempo. Igualmente nada puede haber sido en el tiempo sin antes haber sido en el espacio.

ANDREW THOMAS

EL TIEMPO HA DEJADO DE SER ALGO ABSTRACTO Y FUERA DEL UNIVERSO

Hoy sabemos que el tiempo ha dejado de ser algo abstracto y colocado fuera del Universo. De la teoría de Einstein de la relatividad se han sacado importantes conclusiones, por ejemplo, el curso del tiempo será más lento sobre una gran masa que sobre un elemento menor. Es lento sobre algo inmensamente grande como puede serlo una galaxia, pero rapidísimo en el Universo de un átomo.

Como vemos, la marcha del tiempo es relativa y depende del tamaño de los objetos. Nuestra Vía Láctea tiene más de diez mil millones de años, pero por otra parte, *mesones y muones* no duran más que una fracción de segundo.

La velocidad del tiempo puede parecernos inmutable, pero sólo una idea ilusoria, ya que el tiempo está medido por revoluciones periódicas. Si se aminora el ritmo también se aminora el tiempo.

En el libro *Beyond the Time Barrier* encontramos un claro ejemplo de los juegos del tiempo, y vamos a referirnos seguidamente a dicho ejemplo por parecernos altamente representativo para este punto que tratamos. El autor de dicho libro, Andrew Thomas, considera y nos hace pensar sobre este punto que:

> Supongamos como punto orientativo, que una máquina de exploración cósmica o nave espacial denominada supuestamente; Tierra 328 es lanzada a la constelación de las Pléyades, por la Administración Internacional del espacio en el año 2050. La más próxima de dichas estrellas está a 11 años luz de nuestro planeta.
>
> El imaginario navío Tierra 328, después de haber llegado a su destino, se aleja sin perder velocidad y vuelve a la Tierra. Según el libro de abordo del piloto de la nave, el viaje ha tenido una duración de 22 años y la fecha del retorno es el 2072. Pero cuando regresa a Tierra, el capitán experimentará una indescriptible emoción, mayor que la sufrida por Elcano y sus tripulantes cuando después de dar la vuelta al mundo encontraron un día de diferencia en sus almanaques.
>
> Entonces el piloto encontrará que su base ya no existe, y si se exceptúan los puntos geográficos más importantes, la Tierra aparece ante él como un planeta desconocido. Sus compatriotas hablan un lenguaje desconocido, y lo que es más asombroso ¡han transcurrido mil años en la Tierra! El calendario terrestre indica el año 3052. Cuando, comenzó el viaje espacial el capitán tenía 33 años, ahora tiene cincuenta y cinco. Sin embargo, han transcurrido mil años según el calendario terrestre. Y el viaje en el espacio se ha convertido en un viaje en el tiempo, puesto que ha sido proyectado novecientos setenta y ocho años en el futuro.

A causa de la dilatación del tiempo en el navío espacial, el piloto ha viajado entre ida y vuelta 22 años, pero en la Tierra han transcurrido mil años. El lapso de tiempo es breve para el astronauta, pero largo para Tierra.

En el mundo psíquico de los sueños, el tiempo puede ser la mayor y principal dimensión. En el mundo físico nos desplazamos en el espacio por medio del tiempo. Para llevar a cabo ciertas cosas, por ejemplo leer un libro, realizar un viaje, comer, beber, etc... necesitamos cierto y determinado tiempo. Pero en el mundo psíquico de los sueños evolucionamos en el tiempo por la reminiscencia de acontecimientos pasados, mientras estamos quietos en la cama y penetramos en un sueño breve.

Para echar más luz sobre este delicado tópico es interesante estudiar un sueño del que fue protagonista el marqués de Lavalette. Una experiencia verdaderamente interesante la del marqués, ya que estando prisionero en una cárcel, mientras el reloj señalaba las doce, entró en un breve sueño en el que, en forma coherente, revivió todo lo vivido durante cinco horas, y esto transcurrió en el sueño en menos de un minuto.

Él mismo relata dicho sueño vivido intensamente en las amargas horas de su cautiverio en Francia, de la siguiente manera:

> Me hallaba en la calle Saint-Honoré. Estaba oscuro. Todas las calles adyacentes se veían desiertas, pero de pronto surgió un confuso rumor. De improviso una tropa de gente a caballo apareció en el extremo de la calle. Hombres que daban miedo llevaban antorchas. Durante cinco horas pasaron ante mí a galope tendido. Les siguieron un gran número de cureñas de cañones cargadas de cadáveres.

Había contemplado la escena cuando ésta ocurrió, y, al igual que cuando volvió a verla en sueños, tuvo la sensación de que había durado unas cinco horas, pero sólo había transcurrido un minuto escaso. M. Stuart, en *The Phychology of Time,* estudia este caso en profundidad y lo pone como ejemplo de la reverberación del tiempo.

Otro caso típico de sueños en los que el tiempo juega un rol preponderante es el estudiado por el profesor Vasiliev. Un autor de teatro asistió a un representación de una obra suya de gran suceso. Como estaba agotado por las tensiones que había vivido ese día, por la noche, en su palco, durante la función cayó en un liviano sueño. Durante el sueño vio representada palabra por palabra su obra. Reconoció todas las escenas, la obra era de tres actos y duraba más de dos horas y media. De pronto, una salva de aplausos le despertó y comprendió que el telón caía sobre el primer acto. Para la vida real habían pasado 12 minutos, para él, dos horas y media, ya que había revivido algo que exigía ese tiempo para llevarse a cabo.

Es por demás conocido que las personas que se encuentran ante un peligro mortal, que participan de una guerra, que agonizan o que corren peligro de ahogarse, reviven rápidamente toda las instancias de su vida. Revisemos tres claros ejemplos vividos por personas diferentes, en circunstancias distintas, en países y épocas que no tienen relación entre sí, cuyo único común denominador es el estado de crisis y riesgo de vida, dentro del cual se produce el sueño o vivencia intemporal.

La señora Irene Soler, joven musicóloga, estando embarazada, sufrió un aborto espontáneo. Su marido llamó de inmediato al médico que la asistía un celebrado ginecólogo, el doctor Dubrosky. El médico dio orden de que la mujer fuera ingresada de inmediato en su sanatorio y se le practicó un raspado, pero debido a ciertas complicaciones presentadas durante el aborto terapéutico y al debilitamiento cardíaco de la enferma, la señora Soler entró a las 17 horas en estado de coma.

Durante dicho estado, que duró tres horas, pues a las 20.22 la joven señora estaba fuera del estado comatoso y su vida ofrecía posibilidades de recuperación, ella recorrió toda su vida: tenía por entonces 29 años. Recordó, como ella misma describió, escenas de su infancia que en la vida despierta había olvidado. Recorrió toda su vida en un breve lapso de tiempo.

Este suceso tuvo lugar en el año 1946, en la ciudad de Buenos Aires, República Argentina.

En las playas de Trieste (Italia), una joven de nombre Esther Dinubila, de 17 años, salió en un velero llamado *Banana,* sola, sin la autorización de sus padres. Al levantarse un fuerte viento, la jovencita cayó al agua y, como el velero quedó al garete, no pudo volver a subir a él... pese a que era una magnífica nadadora, la chica perdió fuerzas, se mantuvo flotando un largo rato, pero sintiéndose desfallecer se dejó arrastrar, se hundió tragando mucha agua y en un esfuerzo supremo salió a la superficie; fue entonces cuando la Guardia Costera, que estaba en su busca, pues había visto el velero a la deriva, fue en su auxilio. Desfallecida, la niña volvió a hundirse; en este lapso de tiempo que duró 37 segundos, la joven revivió con claridad toda su existencia. La Guardia Costera la rescató, practicándole respiración artificial y salvando así su vida.

Un religioso, el padre Pedro, viajaba desde Porto Alegre (Brasil) a Curitiva, otra ciudad del mismo país, y en la ruta tuvo un accidente de coche, en el cual perdieron la vida tres personas. Él quedó sin conocimiento, tendido en el camino, pues había salido despedido por el parabrisas en la colisión. Tenía fracturada una pierna y diversos traumatismos en el rostro. Recuperó por un momento el conocimiento y se dio cuenta que los demás estaban muertos y que su vida corría peligro. Cayó entonces en un estado de somnolencia en el que revivió toda su vida; tenía el sacerdote 54 años. Una hora después del accidente, despertó en una sala de primeros auxilios de un hospital regional, preguntó qué había sucedido y cuánto tiempo había pasado. Había transcurrido aproximadamente una hora desde que el accidente fuera presenciado por un camionero que iba en la carretera detrás de ellos, y este buen hombre lograse la ayuda necesaria, dando con el puesto sanitario y el policial que distaba del lugar del accidente unos 25 kilómetros.

El sentido del tiempo en los animales es asombroso y está ligado a lo que se llama: reloj biológico.

Una abeja, por ejemplo, se alimenta siempre a la misma hora, pero algunos importantes experimentos en el campo de la apicultura han demostrado que quien les guía a responder a determinados ritmos de alimentación es su metabolismo. Si se las coloca en un refrigerador, el tiempo transcurrirá más lento para las abejas y ellas fijarán su horario de comidas en un lapso mayor. Pero si, por el contrario, se calefacciona el lugar, las abejasr educirán los horarios y buscarán su comida mucho tiempo antes. Es indudable pues que sus horarios están ligados a sus metabolismos.

Para comprender el tiempo es esencial darse cuenta de que el tiempo no corre y es la materia, por un lado, y la conciencia por otro, la que se mueve a través del Espacio-Tiempo.

El Tiempo absoluto, del que hablaba Newton, ha sido abolido

por el *Tiempo Relativo* de Einstein. Debemos recordar que el átomo esférico es un sistema de ondas y cargas sobreimpuestas. Se descubrió luego que la materia era un espacio vacío puntuado de electricidad: electrones. R. N. Hanson ha proclamado: «La materia ha sido desmaterializada», y esto nos obliga a modificar muchos conceptos sobre la vida, la materia y el tiempo.

Por esos fenómenos del tiempo, una mujer célebre en Estados Unidos, Jeanne Dixon, conocida también como la Sibila de la Casa Blanca, ha desafiado al tiempo ingresando en el futuro por medio de sueños y videncias.

Jeanne Dixon es astróloga, pero no nacen de los cálculos astrológicos sus predicciones, sino de sus *sueños proféticos* y de sus *vivencias paranormales.*

Entre las premoniciones de Jeanne Dixon se encuentran el asesinato del presidente Kennedy, la muerte de Roosevelt, la de Robert Kennedy y la de Martin Luther King; la tragedia espacial de la Apolo IV y la puesta en órbita de un extraño objeto por los rusos, el Sputnik.

Pero ordenemos paso a paso estos sucesos. Jeanne Dixon, que estudió astrología con un sacerdote jesuita en la Universidad de Loyola, Los Ángeles, comenzó a colaborar desde muy joven en diversos periódicos, escribiendo los pronósticos astrológicos para cada signo. Pero, de forma paralela, a su condición profesional de astróloga leída por unos seis millones de norteamericanos, se producía su condición sobrenatural de unir el presente y el futuro en un mismo instante, en su mente, por medio de los sueños o de las videncias propiamente dichas.

La primera de ellas y que tuvo repercusión mundial, fue a finales de 1944. El presidente Roosevelt le preguntó si su fin estaba próximo y ella, penetrando en el futuro, le dijo que sí, que sólo le quedaban seis meses de vida. Y así fue. Los soviéticos pusieron en órbita la primera nave espacial en la historia de las astronáutica. Esta nave fue, como es sabido, el Sputnik I. Cuando sucedió esto en 1957, para ser más precisos en el mes de octubre, el mundo quedó asombrado; pero no lo estuvo menos cuatro años antes, cuando en un programa de televisión Jeanne Dixon anunció para el año 1957 dicho suceso, describiéndolo como una bola de metal puesta en órbita por los rusos que marcaría el comienzo de la Era espacial.

Una mañana del otoño de 1952, Jeanne Dixon, ante la Catedral de San Mateo en Washington, tuvo una extrañísima ensoñación. «De pronto —dijo— vi a la Casa Blanca en medio de una luz cegadora, y sobre ella se formó una especie de neblina y sobre esta neblina surgió el número 1960. Luego apareció una nube oscura y de aspecto fúnebre, que descendió con lentitud hasta penetrar en el edificio. De pie en el umbral divisé a un hombre joven, de ojos azules, muy alto, de cabello castaño.

»Seguí mirando al hombre que aparecía en la Casa Blanca, cuando una voz me anunció que era un joven político demócrata que sería presidente de los Estados Unidos en el año 1960 y moriría asesinado.»

Jeanne Dixon dijo que esa visión la acompañó desde que se produjo, 1952, hasta el día de la muerte de Kennedy en Dallas. Tanto es así que ella, siendo presidente Kennedy, se había puesto en contacto con la Casa Blanca para prevenir al presidente sobre el peligro del magnicidio.

En la misma Catedral de San Mateo, donde tuviera la visión profética, se hicieron las honras fúnebres del presidente asesinado.

En una comida ofrecida en el hotel Ambassador de Los Ángeles, los asistentes preguntaron a Jeanne si Robert Kennedy llegaría presidente. Ella entró en el misterioso túnel del tiempo con su fuerza psíquica y respondió ante muchos testigos: «No, porque sucederá una tragedia en este mismo hotel».

Nos preguntamos, conocedor Robert Kennedy de este vaticinio y sus correligionarios ¿por qué fue ese día y a esa hora a ese hotel? Jeanne había avisado a la suegra del gobernador de Florida y a otros funcionarios oficiales, pero nadie, evidentemente, creyó en sus profecías. El día 5 de junio, por la mañana, Robert Kennedy moría asesinado en el hotel Ambassador, donde Jeanne tuviera la visión.

Predijo que Luther King moriría de un balazo en el cuello y también anunció la muerte del Mahatma Gandhi.

Una noche estaba durmiendo, cuando una voz en sueños la impulsó a despertarse, levantarse e ir hacia la ventana de su dormitorio y allí, como un film, pasó ante ella el nacimiento del hombre que guiará los destinos del mundo en el año 1999. Este niño nació, según la señora Dixon, el día 5 de febrero de 1962, y antes de que acabe el siglo se producirá una gran revolución que unirá a todos los humanos en una sola idea y una sola fe.

Si mencionamos en este capítulo hechos que no están ligados estrictamente con el acto de dormir y soñar, lo hacemos con el fin de analizar los fenómenos del tiempo, su relatividad y la forma en que por medio de sueños o visiones muchas personas entran en el futuro, uniendo así el presente y el futuro en un solo momento y acto.

Hay personas que, en sueños, se desdoblan psíquicamente y realizan viajes; esto nace de una antigua creencia y técnica india, pero parece que en estado de crisis muchas personas, en sueños, mientras estaban dormidos, han realizado largos viajes con el fin de despedirse o ver a una persona determinada. Pero este fenómeno mágico de los sueños lo estudiaremos en el capítulo siguiente, ya que merece una atención especialísima.

CAPÍTULO X

EL DESDOBLAMIENTO EN LOS SUEÑOS

Hay comprobaciones científicas que muchas personas durante el sueño se han desprendido de su cuerpo físico y realizado viajes fuera de la materia. En casos de graves crisis o de enfermedad delicada, durante el sueño, y quizá para evitar el dolor que trae consigo la enfermedad que padecen, algunas personas han realizado en forma espontánea un «viaje» o «desplazamiento» fuera del cuerpo físico. Esto es, por otra parte, una técnica común en los yoguis, que la llaman «Viaje astral».

TRES SUEÑOS CON DESDOBLAMIENTO Y VIAJE

Las fronteras de la mente no pueden precisarse. Además de los símbolos que indican dudas y represiones, como sugiere o propone el psicoanálisis, debe reconocerse que el sueño tiene una extraña relación con el tiempo y con el conocimiento de todas las cosas, o si se prefiere, un contacto supranormal con la conciencia cósmica.

En la revista inglesa *Prediction Magazine* apareció hace varios años un relato de Florence Rule, que en sueños tuvo una asombrosa experiencia; según nos relata Florence Rule, los acontecimientos en la vivencia onírica sucedieron de la siguiente manera:

> Estaba yo en casa de mi abuela. Y debo aclarar que el hombre que participa de este caso es una persona extremadamente positivista y

que no cree en ningún tipo de poderes psíquicos. Este joven sufría, algunas veces, fuertes dolores de cabeza y yo acostumbraba a curarlo colocando mis manos sobre su cabeza, don que heredé de mi padre.

Esta noche en particular nos acostamos, él compartiendo la habitación con otro hombre y yo con mi abuela. Mi abuela se hacía la «toilet» frente a su boudoir, cuando yo me dormí. Debe haber sido de inmediato que tuve aquel sueño especial. Soñé que mi amigo sentía un dolor tremendo de cabeza y que yo debía curarlo. Me di cuenta en el sueño que, de algún modo, aparecí en su cuarto. Él estaba acostado y le agradó verme. Extendí mi mano hacia él, que hizo lo propio y trató de retenerme. Al despertar el reloj dio las doce de la noche. No podía creer que lo visto en sueños no hubiera sucedido. Se lo comenté a mi abuela, que aún estaba despierta, y ella me respondió: «Está bien, pero no ocurrió porque no has salido de la habitación». De modo que yo olvidé el asunto y volví a dormirme.

A la mañana siguiente, cuando mi amigo F bajó al lugar donde desayunábamos, aún no había visto a nadie. Mientras tomábamos el desayuno —fue lo más raro que me ha ocurrido en la vida—, me explicó lo que le había ocurrido, diciendo: «Tan pronto me acosté tuve un terrible dolor de cabeza; deseé tu presencia allí para curarme. Con seguridad, yo no estaba dormido cuando apareció una luz, vi que eras tú y me sentí muy contento por eso. Extendí mis manos para asir las suyas. Entonces oí que el reloj daba las doce. Ya no me dolía la cabeza».

Este es un caso que puede clasificarse o bien como un sueño clarividente, asociado en la vivencia onírica con el deseo de curación, o un deseo puesto en acción directa sobre la persona que despierta había enviado el mensaje telepático. También, y no se descarta, pudo tratarse de un desdoblamiento mental en sueños.

En el libro *The Phenomena of Astral Projection,* encontramos un caso interesantísimo de proyección o desdoblamiento en sueños durante una enfermedad. Este caso está clasificado en el libro que lo narra como el caso Griggs y, como ya señalábamos, da los detalles según los escribió quien protagonizó el episodio:

«La primera vez que me sucedió fue cuando yo tenía ocho años.

Estaba muy enferma de paperas en esa época... El dormitorio familiar era amplio con mi cama en un extremo y en el otro con la de mis padres y la cuna de mi hermanito... Recuerdo que mi madre me dio la medicina y se sentó a mi lado hasta que me dormí...

»Seguidamente estaba despierta por completo y me hallé cerca del cielorraso... Yo estaba en el aire, sobre el lecho de mis padres (en el otro lado de la habitación) y los contemplaba. Ese cuadro se perfila todavía claramente en mi mente: la llama baja de la lámpara de petróleo. Mamá y papá en su cama, mi hermanito enfermo en su cuna, junto al lecho de mi madre... Puedo recordar muy bien el asombro que yo sentía al poder contemplarlos de ese modo. "Pobre madre mía, pensé, estás tan cansada por las tareas de la casa y la atención de tus dos hijos enfermos"... (mi hermanito también tenía paperas en esa época).

»Lentamente recuperé mi salud y, al mismo tiempo, estuve bien otra vez, muchas veces desde entonces pensé en esa experiencia. Durante años me pregunté cómo pude llegar cerca del cielorraso de ese modo, completamente despierta, viéndolo todo debajo de mí... Siempre me imaginé que estuve a punto de morir... Jamás pude comprender cómo se produjo la experiencia.»

Este caso sucedió, según se registra en los archivos de Sylvan Muldoon y Hereward Carrington, así como el libro antes mencionado, durante la infancia de una figura muy conocida en los Estados Unidos, Peark F. Gruggs, de Florida, quien, con fecha 26 de marzo de 1938, envió por escrito esta experiencia a Sylvan Muldoon.

El tercer caso es el de la señora Hadley, que en sueños se proyectó a un lugar que luego conocería y reconocería. La señora Hadley, que vive en las afueras de Londres, contó el hecho a los autores del libro *The Phenomena of Astral Projection* de la siguiente forma:

> Hace siete años tuve una experiencia que explicaré de la manera más clara posible. Vivía yo a cierta distancia de Londres, en un pueblo. Una noche me fui a acostar y estaba durmiendo tranquilamente, cuando durante el sueño tuve la sensación de que alguien trataba de levantarme de mi lecho desde abajo. Esto me resultó inexplicable y me incorporé en el sueño en la cama, miré hacia abajo y no vi nada. En ese momento me desperté. La sensación había

> sido muy vívida. Al momento volví a dormirme y fue entonces que sentí otra vez la misma sensación, de que me levantaban desde abajo y seguidamente vi que flotaba en el aire. Flotaba en el aire y me dirigía a Londres. Vi que estaba en Londres. Sobrevolaba la ciudad.
>
> Unos meses después tuve el gusto de ir a Londres y entre las visitas, debí ir a una determinada casa en la cual no había estado jamás; imaginen mi sorpresa cuando abrí la puerta y entré en una habitación en la que ya había estado en mi viaje del sueño ¡Todo era tal como lo había visto en espíritu esa noche!

En sueños la señora Hadley se había desdoblado y visitado Londres y la casa a la que luego iría como invitada.

La mente tiene aún muchos secretos, muchas incógnitas que el hombre no ha desvelado aún.

Las teorías orientales afirman que un cuerpo sutil, el doble etérico, rodea nuestro cuerpo, cuerpo denso y unido a aquél por el llamado cordón de plata. En caso de proyección astral o desdoblamiento, ya sea durante el sueño en forma espontánea, durante una crisis emocional, un dolor físico terrible o por voluntad propia, el cuerpo astral, ultra sutil, se desprende de la materia y, sujeto al cuerpo material por el cordón de plata, que es de flexibilidad infinita, realiza viajes en el espacio, se traslada a lugares remotos y también puede ingresar en la cuarta dimensión. Esto para los practicantes de yoga es un tema común. Después de la meditación y la concentración se puede lograr, según estas teorías orientales, el desdoblamiento. Pero ciñámonos a los conceptos occidentales, pues estarán más acordes a nuestro criterio y temperamento.

Según Sigmund Freud, nuestra mente se divide, primeramente, en consciente, preconsciente e inconsciente. En segundo lugar, hace otro esquema divisor en los que se diferencian los concepos del «Ello», el «Yo» y el «Super-Yo».

Según Freud, nuestro sistema consciente está integrado por todo aquello de lo que nos percatamos, enteramos, sabemos, conocemos de un modo u otro en determinado momento de nuestra existencia.

Este sistema, llamado consciente, es el que nos da la visión de la continuidad en nuestra vida. Los contenidos de la mente consciente son limitados, ya que no podemos pensar en varias cosas a la vez y la mente consciente se ocupa de un solo tópico por vez y no de simultáneos, y es por eso que Freud decía que la conciencia es al inconsciente como un «iceberg», el cual fuera del agua tiene una pequeña porción gélida, pero por dentro de ella queda la gran masa. O sea, que la parte del «iceberg» que sale a la superficie sería la conciencia y la que se reserva sumergida bajo el agua, la parte mayor, es el inconsciente. En definitiva, que el pensamiento consciente está regido por el pensamiento lógico, y el inconsciente, por su parte, se rige por el pensamiento mágico.

El sistema inconsciente se rige, a su vez, de dos partes: el preconsciente y el inconsciente propiamente dicho.

Las características del inconsciente es que sus procesos dinámicos no llegan a la conciencia, a pesar de su fuerza e importancia, y ni la consciencia ni la memoria llegan a hacerlo consciente. Es decir, que por mecanismos naturales no afloran a la conciencia. El inconsciente está, según el padre del psicoanálisis, compuesto por: los instintos, más el material reprimido; es caótico, lógico y en él conviven todos los contrarios.

El sistema llamado preconsciente, por su parte, está integrado por los procesos psíquicos, de los cuales el hombre no se percata en el momento del suceso, pero que los puede traer a la memoria consciente con menor o mayor facilidad, según el tipo de mecanismo que presenta el contenido del suceso.

El inconsciente tiene, pues, dos tipos de contenido: uno que abarca lo más profundo, lo biológico, lo ancestral.

El otro aspecto es el que cubre todo aquello que ha sido reprimido desde el comienzo de nuestro desarrollo. Hay quienes incluyen en esto las experiencias de la vida uterina.

El inconsciente es dinámico y está siempre al servicio del sujeto, en el inconsciente no *existe el tiempo* y esto indica que el tiempo es también una categoría del consciente. Los sentimientos del ayer, el hoy, el mañana son elaboraciones de nuestra mente consciente y no del inconsciente de nuestra psique, ya que en ella todo es permanente, lo que significa de forma clara que en el *inconsciente no existe el tiempo.*

Respecto al preconsciente, debemos señalar que es un sistema que podríamos denominar «memoria» y que si muchas cosas no pueden aflorar de esa zona (preconsciente) al consciente propiamente dicho, es porque están fuertemente amarradas en lo más profundo del inconsciente, totalmente reprimidas. El «Ello», así como el «Yo» y el «Super Yo», son complementarios del esquema arriba planteado, y esto es de la siguiente forma: lo más profundo de la psique humana es el Ello, en el que radica lo heredado, lo instintivo y el impulso del placer.

El Yo, por su parte, tiene a su cargo la comprobación de la realidad (se llama técnicamente principio de la realidad) y debe también regular los deseos provenientes del Ello; el Yo da lugar al nacimiento del llamado Super Yo. ¿Qué es el Super Yo? Es el representante interior de la autoridad de los padres, de las normas de moral impuestas por la educación, el medio y la sociedad, es el heredero indiscutible del tan mentado complejo de Edipo. El Super Yo se rige por el principio del bien, las cosas son buenas o malas, y es, pues, nuestro sistema mental ético.

Si en el sueño muchas veces entramos vía energía psíquica en la cuarta dimensión, nos cabe preguntar ¿qué es la cuarta dimensión?

LA CUARTA DIMENSIÓN

La cuarta dimensión ha sido relacionada siempre con lo que se ve en la visión normal y corriente del hombre. Está profundamente ligada, en el concepto general, con el mundo de lo oculto.

Hay una expresión matemática, una teoría más, que expondremos aquí para clarificar la tan mentada *Cuarta dimensión.*

En la matemática pura y aplicada se encuentran fórmulas y expresiones que contienen cuatro o más magnitudes variables y cada una de ellas independientes de otras magnitudes. Pueden ser positivas o negativas y como toda fórmula matemática, toda ecuación puede tener una expresión dimensional, y es de aquí que se deduce una idea de «espacio» con cuatro o más dimensiones.

Pero nuestra geometría de tres dimensiones es insuficiente para poder explicarnos los problemas de la cuarta dimensión. Hay que señalar que se dice que tanto Einstein como Lobatchevsky habían descubierto la cuarta dimensión. Hasta hoy conocemos únicamente tres dimensiones o líneas:

Figura geométrica de una dimensión: *Línea.*
Figura geométrica de dos dimensiones: *Plano.*
Figura geométrica de tres dimensiones: *Volumen.*

¿Cuál es la cuarta dimensión?

Muchos yoguis creen que en la misma naturaleza que nos rodea está la explicación clara y directa de la cuarta dimensión. Un niño crece y no vemos su expansión instante a instante, pero advertimos la mutación una vez realizada. Un árbol, una flor... una hierba, crecen, se desplazan, esto también está ligado a la cuarta dimensión. Todo lo que mencionamos está en movimiento simétrico, por allí hay que buscar a la cuarta dimensión. La cuarta dimensión, según las teorías de los lamas del Tibet y de muchos otros orientalistas, debe buscarse no en el más allá, sino en torno nuestro. En nosotros, en lo que nos rodea.

CAPÍTULO XI

¿DURMIENDO SOMOS MÁS INTELIGENTES QUE DESPIERTOS?

No sólo el inconsciente puede hacer todo lo que hace el consciente, como decía Richet, sino que incluso supera ampliamente en inteligencia al consciente.

El inconsciente, por otra parte, tiende a dramatizar siguiendo propias ideas; frecuentemente también amplía mínimos estímulos y los interpreta, a veces recurre a dramatizaciones simbólicas tan exageradas que podemos decir que se convierten en una caja de resonancia.

A este conjunto de notables cualidades lo llamamos «talento del inconsciente».

RVDO. OSCAR G. QUEVEDO

ESE ASOMBROSO TALENTO DEL INCONSCIENTE

El talento del inconsciente es tan fundamental, tan grande y tan trascendente, que muchos investigadores han insistido en atribuir responsabilidades al sueño.

El tema viene discutiéndose de antiguo. Caramuel, un filósofo que en el año 1645 dirigía una carta a otro científico investigador, el profesor P. Kircher, catedrático de la Universidad de Gregoriana, defendía en su carta, muy filosófica e intelectual por cierto, la responsabilidad de los sueños, porque en ellos decía: «Había inteligencia». Y luego, terminando la sarta de especulaciones filosóficas y psicológicas decía: «El aspecto de la inteligencia es lo que nos interesa; examinando muchos sueños míos y de otros, encuentro circunstancias en las cuales no se puede descubrir imaginación o fantasía; es más, en ellos se percibe una inteligencia cultivada y sutil».

Y suma a la carta un escrito que detalla las características de un sueño propio para avalar su concepto sobre el valor de la inteligencia que el inconsciente desarrolla en sueños.

> Una noche soñé, en colores y absoluta coherencia, que yo asistía a un acto solemne de características académicas en una Universidad. En mi sueño estaba invitado a impugnar las tesis defendidas. Lo hice todo con gran vigor, claridad, con eficacia y argumentos muy sólidos e irrebatibles.
>
> Al despertar, impresionado, examiné minuciosamente mi «ponencia» en la vivencia onírica. Comprobé que era perfecta e inédita.

El padre Oscar G. Quevedo, celebrado filósofo, psicólogo y especialista en parapsicología, explica el sueño del sabio Caramuel, de la siguiente manera:

—Es evidente —dice el padre Quevedo— que el inconsciente había elaborado la tesis de la supuesta impugnación con los conocimientos reales del sabio. En vigilia, difícilmente habría logrado ese resultado. El propio Caramuel encuentra una lógica explicación al suceso:

> Es evidente que el entendimiento del hombre no descansa en el sueño, sino que trabaja siempre y a veces perfectísimamente; con más perfección que durante la vigilia.

Esto nos hace arribar a la conclusión que el descubrimiento del talento inconsciente es muy anterior a Freud y sus seguidores.

Una opinión muy actualizada, la del doctor Erich Fromm indica que: «En los sueños suelen producirse operaciones intelectuales muy superiores a las que realizamos estando despiertos».

Cabe señalar que el doctor Fromm es toda una celebridad en la materia: profesor del Instituto de Psiquiatría de Nueva York y en el Bernnington College, también de Nueva York.

Por otra parte, hay una serie de autores dramáticos de fama mundial, y que se mantienen a través de los años, que en sueños han creado lo que luego escribirían, o bien se han levantado dormidos y han escrito en estado de sonambulismo.

Otros, como el caso de Hernán Cortés, en sueños y estado de sonambulismo han realizado actos que despiertos jamás harían. Por ejemplo, Hernán Cortés, hijo de una madre fuerte, de características castradoras, fue impulsado por ella a lanzarse a la conquista del Nuevo Mundo. Él era un muchacho sensible y delicado de salud y le demandó gran esfuerzo superar sus debilidades físicas y apoyarse en las psíquicas para emprender tan titánica labor. Al seleccionar esposa, vuelve a primar el Edipo mal elaborado y escoge por mujer a una dama de fuerte carácter con la que se llevaba pésimamente mal. Él llegó a odiar a Catalina, su mujer, pero su rango, su educación y su formación cristiana le llevaban a soportarla y seguir manteniendo el matrimonio. Pero, una noche, en sueños, estranguló a su mujer, delito del que fue absuelto sin ser juzgado por haberlo hecho en sueños, en estado de sonambulismo, al parecer, y esta reacción del inconsciente fue una repercusión de una violenta escena mantenida en público esa noche y durante una cena. Doña Catalina, avasallante y dominadora, encontró un triste fin en la defensa inconsciente de su marido. En la obra *Psicoanálisis de Hernán Cortés* podrán hallar, los que se interesen en ampliar este tópico, un análisis exhaustivo de la personalidad de Cortés, sus complejos y sus reacciones de defensa y también de sus agresiones, en sueños y sonambulismo. El autor de este interesante tratado es el erudito mexicano-español Fredo Arias de La Canal.

Voltaire relata que un capítulo entero de una obra se le ocurrió mientras dormía: «En mi sueño dije cosas que jamás hubiera pronunciado en la víspera. Me pasaban por la mente pensamientos concebidos sin que yo hubiese tomado parte consciente de ellos. No teniendo libertad ni voluntad en este raro mecanismo del sueño, combiné ideas inteligentes que hasta tenían cierta genialidad».

El fabulista La Fontaine escribió en varias oportunidades fábulas enteras en estado de sonambulismo. Se levantaba dormido, iba a su escritorio, se sentaba ante él y escribía con mayor lucidez e inspiración, según él mismo dijo, que cuando estaba despierto.

Un matemático francés, emparentado con el pintor Renaud, resolvía problemas de difícil planteamiento durante el día.

Pero el punto máximo lo alcanzó el filósofo e historiador griego Diógenes de Laercio, que en sueños sonambulescos escribió un libro, realizado en varias etapas.

Una psicoanalista de Miami estaba atendiendo el caso de un joven refugiado cubano que no lograba adaptarse al medio norteamericano, pero que tampoco encontraba su lugar en Cuba. Preocupada por lo poco que avanzaba con él en el psicoanálisis —el muchacho tenía diversos traumas y ponía resistencia al tratamiento terapéutico—, la doctora se acostó pensando en el problema, ya que al otro día tenía sesión de psicoanálisis con este paciente. En el sueño recordó cantidad de frases, gestos, medias claves dadas por el muchacho que, conscientemente, habían pasado desapercibidas en parte o totalmente. Coordinando todas esas claves en el sueño, sacó una conclusión efectiva del problema. Llegó a lo profundo del asunto y, a la mañana siguiente, en la consulta logró un gran avance. Tres semanas después el chico era dado de alta.

ALGUNOS SUEÑOS INTELIGENTES QUE ENTRAN EN EL FUTURO Y NOS PREVIENEN

Al hablar anteriormente de las predicciones de Jeanne Dixon, la vidente de la Casa Blanca, hablamos de precognición en sueños y en vigilia. Hemos visto en un capítulo anterior la cantidad de sueños que se producen, como anuncio, ante hechos de importancia mundial y grandes catástrofes. Ahora vamos a pasar a exponer algunos sueños que, adelantados en el futuro, pudieron prevenir una desgracia.

Las tragedias o muertes colectivas, según la opinión del padre Oscar Quevedo, son más emotivas y producen un mayor shock emocional, y es por ese motivo que se facilita la manifestación de la precognición.

Como es de dominio público, el *Titanic* naufragó en aguas del Atlántico en la noche del 14 al 15 de abril de 1912. Ya dijimos que muchas personas soñaron días antes y esa misma noche con naufragios, pero comentamos el caso de un hombre que salvó su vida con un sueño.

El señor J. Oconnor había reservado pasaje el día 23 de marzo de 1912, o sea, un mes antes, para viajar en el *Titanic*.

Pensaba viajar con toda su familia y ese viaje le interesaba especialmente por diversos motivos. Pero resultó que en sueños, diez días antes del viaje, el señor Oconnor soñó con el naufragio y describió después su sueño de la siguiente forma:

> Veía al *Titanic* flotando en el Atlántico, con la quilla al aire y los pasajeros y sus equipajes flotando en el agua.

Tanto le impresionó el sueño, que fue a la agencia marítima que le había vendido los billetes y los cambió para el mes siguiente. Dio como excusa que sus negocios en América se habían postergado. Una vez que había cancelado sus pasajes, contó el sueño a su esposa y amigos, que lo tomaron a broma.

Este testimonio del señor Oconnor fue escrito ante notaría tres días antes de zarpar el barco, dado lo que el sueño le había impresionado, y tres de sus amigos firmaron al pie de su testimonio. El señor Oconnor mostró los comprobantes de la reserva, los de la cancelación y los pasaportes.

Una dama de la alta aristocracia romana, que estaba por viajar a Mesina, soñó que dicha ciudad sería destruida ese mismo mes. Era el 2 de diciembre de 1909. En sus sueños, la señora veía el terremoto asolando Mesina y destruyéndola, pánico, dolor, muerte por todas partes. En esta vivencia entendía que esto sucedería en los días 8, o bien 18 o 28, ya que el número ocho se destacaba especialmente en el mensaje onírico.

Impresionadísima por el sueño, postergó su viaje. Pero como estaba convencida de que dicho terremoto sucedería y ella era a su vez mujer de grandes relaciones y alto prestigio en Roma, se comunicó con el rey de Italia, rogándole que tomara medidas. La carta quedó en el archivo privado del rey y fue comprobada después por el investigador Dr. Santi, que leyó la carta. Efectivamente, la señora en cuestión había hablado con el rey y, lo que es más, había presentado a la real figura por escrito «ante aventum» un testimonio firmado en el que predecía el terremoto de Mesina. El día 28 de diciembre de 1909 y sin que oficialmente se hubieran tomado medidas precautorias, Mesina fue destruida por un terremoto.

Debido a un sueño, el campeón mundial de peso mosca de los años sesenta, Horacio Acavallo, estando en Tokio, Japón, debía coger un avión para dirigirse a San Francisco haciendo escala allí para la ciudad de Buenos Aires. El campeón del mundo tuvo un sueño muy desagradable y ordenó a su manager que cancelara los pasajes de él y todo su equipo técnico (segundo, masajista, jefe de prensa, manager, entrenador, etc.) para dos días después.

El avión en que debía regresar Horacio Acavallo a América explotó al intentar levantar vuelo. Esto ocurrió en el año 1965.

SIMULCOGNICIÓN, PRECOGNICIÓN Y RETROCOGNICIÓN EN LOS SUEÑOS

El elemento llamado Psi-Gamma con relación al tiempo puede ser clasificado de la siguiente forma:

a) *Simulcognición.*
b) *Precognición.*
c) *Retrocognición.*

La simulcognición es lo que se produce cuando se tiene conocimiento a nivel psíquico de un acontecimiento que está sucediendo en el mismo momento. El objeto del conocimiento y el conocimiento son simultáneos.

La precognición, en cambio, es un aviso o advertencia sobre algo que sucederá en el futuro, por lo tanto, el conocimiento del hecho es anterior al objeto del conocimiento.

La retrocognición se sucede cuando se logra un conocimiento directo de algo que sucedió en el pasado y que llega a él por la vía psíquica. En este caso el objeto del conocimiento es anterior al conocimiento.

Ésta es una división práctica y clarificadora, pero debemos tener en cuenta respecto a los hechos del pasado la memoria de todas las cosas, la pantomnesia pudo haber colaborado en esto y nuestro subconsciente haber guardado en la máquina maravillosa del cerebro, que todo lo registra, alguna referencia o pauta que pudo formar la imagen. En cuanto a la simulcognición, hay que ver cuándo en realidad se trata de ella o simplemente es un caso de mensaje telepático. O sea; una persona está enferma y desea auxilio de la otra, piensa intensamente en ella, y sin saberlo y en forma espontánea, está enviando un mensaje inalámbrico que la otra persona recibe en sueños o despierta. Hay simultaneidad de hechos, pero en este caso, se trata de telepatía.

Debido a los numerosos casos de premoniciones, retrocogniciones y simulcogniciones de los sueños, en la actualidad se han iniciado serias y profundas investigaciones del sueño. Pero de este tema nos ocuparemos en el capítulo siguiente.

CAPÍTULO XII

LA INVESTIGACIÓN DE LOS SUEÑOS A NIVEL CIENTÍFICO EN LA ACTUALIDAD

«El tiempo dedicado a los sueños es esencial para la vida y la salud.»

EL CAMPO INVESTIGATIVO

Los investigadores modernos han dejado establecido que soñar es fundamental y esencial para la salud este descanso nocturno.

Si bien hay personas que al no recordar los sueños niegan haberlos tenido, está comprobado por laboratorio que todo el mundo sin excepción sueña, y con regularidad.

Estos y otros descubrimientos han sido posibles gracias a que desde 1950 a nuestros días, se investigan con ritmo intenso todos los fenómenos oníricos desde la faz técnica.

El departamento de Fisiología de la Universidad de Chicago hizo en 1953 un interesante hallazgo en este plano de la investigación de lo onírico. Este experimento permitió que los llamados «sueños olvidados» pudieran detectarse, y así los psicólogos estudiar sus contenidos.

El profesor Nathaniel Kleitman ha realizado pruebas técnicas que demuestran que los bebés sueñan y Eugene Aserinsky, uno de sus auxiliares, advirtió que durante el sueño y durante breves segundos, los bebés movían los párpados. En el libro inglés dedicado a los sueños, *Dream Worlds,* de Stuart Holroyd encontramos la siguiente reseña de este experimento:

El hecho de que los bebés movieran a intervalos y durante breves momentos los párpados, llamó la atención de Kleitman y, junto con Aserinsky, realizaron algunos experimentos para descubrir que dichos movimientos de los ojos, llamados REM (Rapid Eye Movements: Movimiento Rápido de los Ojos), se repetía en los adultos y, tanto en niños como en adultos, podían tener una significación.

Para controlar y registrar este fenómeno emplearon un electroencefalógrafo, capaz de detectar la actividad eléctrica del cerebro a través de los electrodos unidos al cuero cabelludo.

Dichos aparatos registran los impulsos eléctricos por escrito sirviéndose de unas plumas colocadas sobre rollos deslizantes de papel.

Ambos investigadores fijaron unos electrodos alrededor de los ojos de los sujetos durmientes para obtener un registro simultáneo de la actividad cerebral y los movimientos de los ojos. Este método experimental les reveló que era posible el estudio científico del sueño y de los fenómenos oníricos.

Existía, hasta los modernos experimentos, la creencia de que el sueño tenía dos estados, uno profundo y otro ligero. Se creía que todos entrábamos en el sueño profundo en la primera etapa del lapso de descanso, y que éste se iba convirtiendo en liviano a medida que se acercaba la hora de despertarnos, ya que la vivencia onírica se presentaba poco antes de despertarnos.

Ahora sabemos, gracias a los experimentos técnicos, que hay varias etapas en el sueño, quizá más de cuatro.

Cuando una persona duerme, su actividad cerebral se pone en seguida de manifiesto en forma de líneas onduladas «Alfa», lo que indica la relajación, y van seguidas de una respiración profunda y una disminución, mínima, de la temperatura del cuerpo.

Los ritmos «Alfa» sufren una alteración, se rompen y se penetran en lo que técnicamente se llama fase inicial N° 1. Y es aquí donde se producen los sueños de fantasía, pero que están desorganizados con respecto a los otros sueños. Luego se pasa a las fases 2 y 3 y, finalmente, a la fase N° 4, llamada «Delta», por la característica de su ondulación, y que es la etapa del sueño profundo. Normalmente, llegamos a la fase N° 4 unos 15 o 17 minutos después de haber conciliado el sueño. A la hora y veinte u hora y media se produce un

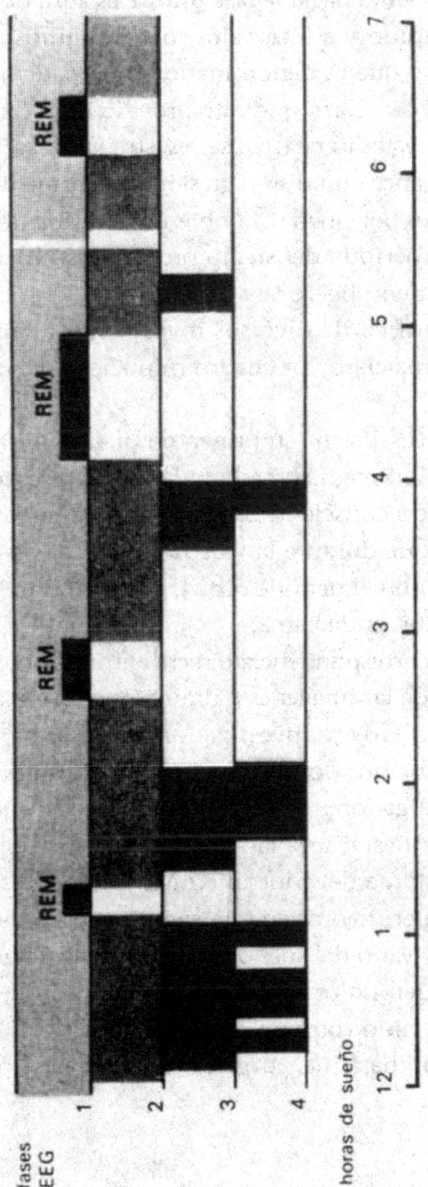

Retrato del rápido parpadeo del sueño, llamado técnicamente REM

fenómeno de cuenta regresiva y vamos desde la fase cuatro retrocediendo paulatinamente hacia la fase uno. Y es aquí donde se produce el parpadeo rápido y a intervalos, durante unos diez minutos, aproximadamente, que es denominado (el parpadeo) REM.

Debe quedar bien claro que este proceso de ascenso del punto uno o fase uno al estadio cuatro, se registra varias veces durante el sueño, tanto su avance como su regresión, en promedio aproximado de unas cinco veces por noche. También es interesante señalar, especialmente, que el período del sueño profundo se vuelve más cierto a medida que el sueño ligero se alarga.

El aporte científico de diversos investigadores americanos fue dando un panorama claro, un cuadro minucioso del estado del sueño REM.

La expresión REM tiene su origen en que, mientras una persona está dormida, durante dicho estado REM, el cerebro sigue un ritmo similar al estado consciente e inclusive, en algunas oportunidades, más intenso que durante la vida despierta.

Antes de entrar en el período REM, el sujeto tiende a moverse o cambiar de posición en la cama.

Hay pues una correspondencia directa entre el movimiento de los ojos y la sucesión de las imágenes o dramatización de la idea onírica.

Celia Elizabeth Green, investigadora inglesa, ha estudiado los sueños llamados lúcidos donde el sujeto «sabe que está soñando».

Entre los investigadores de los fenómenos del sueño, vía técnica, podemos también destacar la labor del Dr. Christopher Evans, especialista en el sistema del control REM, y el Dr. Dement, que ha hecho diversos experimentos en este campo y logró detectar que un animal, el gato, privado del sueño modifica su carácter. Experimentó, privando del tiempo onírico a un gato durante setenta horas y éste mostró un cambio rotundo en su actitud.

En este campo, día a día, surgen nuevos aportes que dan luz al tema del soñar.

William Dement, investigador norteamericano,
preparando a un sujeto voluntario para un experimento de sueño

APÉNDICE

DICCIONARIO DE LOS SUEÑOS

INTERPRETACIONES DE LOS SUEÑOS SEGÚN LAS VIEJAS TRADICIONES POPULARES

Interpretar un sueño:

En los sueños hay que valorar la significación de los símbolos y esto no sólo se confirmó con las técnicas psicoanalíticas, sino que desde muy lejanos tiempos los oniromantes otorgaban a las representaciones simbólicas de los mismos la clave onírica.

Este diccionario nos indica —según las creencias populares y no el psicoanálisis— la significación de cada símbolo que surge en nuestros sueños y qué mensaje viene implícito en él.

Asombrosamente, algunos de estos sueños que más tienen que ver con el esoterismo y la cábala, están relacionados con las significaciones oníricas del psicoanálisis.

Pasemos ahora a ver, de la A a la Z, qué representa cada cosa que aparece de forma simbólica o directa de expresión en nuestros sueños nocturnos.

A

abandono. Un individuo que abandona su estado, significa pérdida ocasionada por gentes de mala fe; soñar que se abandona su propia morada, denota ganancia en sus negocios; verse abandonado de los grandes, indica alegría y fortuna.

abanico. Perfidia.

absceso. Cuando se sueña que se nos forma un absceso, debemos tener un estorbo cualquiera; pero, si nos pareciere verlo dilatar, cercano logro después de muchas dificultades.

abejas. Señal de dinero; ser picado, que un amigo nos hará traición; si el que sueña las mata, sufrirá una pérdida; si deponen su miel, trae dicha y dignidades; si se introducen en su casa, pérdida por sus enemigos.

abismos. Presagio de terrores, pánicos.

abogado. Encontrarse con uno, mala nueva; conversar con él, malograréis un tiempo muy precioso; oír que patrocina, os sobrevendrá alguna calamidad.

abordaje. Hallazgo imprevisto y ansiado.

aborto. Criminales acechanzas.

abrazar. A los parientes, traición; a los amigos, engaño; a los desconocidos, partidas; a una mujer, fortuna próspera.

abrigo. Buscar uno para evadirse de la lluvia, gran secreto; durante la tempestad, funestos presentimientos; encontrarse, adversidades y miseria.

academia. De los sabios, tedio, sueño, letargo.

aceite. Si se derrama por el suelo, perjuicios; si sobre nosotros, provecho.

aceitunas. Paz y amistad.

acero. Romperlo, cercana victoria; tenerlo en la mano, se halla vuestra posición social al abrigo de todo daño; os es imposible arquearlo, temed alguna desgracia.

acreedor. Felices negocios, entremezclados con inquietudes.

actividad. El que sueña que es muy activo, indica esto una negligencia perjudicial a sus intereses.

actriz. Verla en el escenario, chasco; hablar con ella, vanidad; cortejarla, fáciles placeres; amarla, aflicción.

acusación. Ante la autoridad, disputas y desgracias; si es una mujer la que acusa, preparaos para recibir una mala noticia; si por el contrario es un hombre, aguardad un suceso feliz en cualquier empresa.

acusador. Ver u oír a su acusador, tenga o no razón, invita a ser prudente.

adiós. Pronunciar u oír esta expresión y otras análogas, funesto agüero; si nos las dirigen, triste nueva.

admiración. Señal lisonjera, si se os admira; pero incómoda si admiráis.
adopción. De chiquillos, tristezas y desgracias.
adquisición. Feliz agüero.
adulterio. Cometido durante el ensueño, causará deshonra, o por lo menos, un desgraciado acontecimiento.
aflicción. Soñar hallarse sumido en una profunda aflicción, indicación de una próxima alegría.
afrenta. Recibir una, favor; afrentar a otro, peligro.
agonía. Soñar que nos hallamos agonizando, señal de perfecta salud; ver en la agonía algún pariente, éste es feliz, si se halla bueno; contemplar a una mujer agonizando, pérdida de sucesión.
agua. El que comúnmente sueña hallarse en el agua, teme los flujos y catarros; contemplar el agua transparente y tranquila, buen presagio, principalmente para los viajeros, litigantes y jueces; turbia y agitada, amenazas y desgracias, terribles sentencias para los litigantes; encontrarse encima de un agua cristalina, importantes beneficios; sobre agua turbia, pérdida de parientes o de amigos; caerse en el agua, peligro de la vida; agua caliente, enfermedad; beber agua caliente, persecución; fría, triunfo y prosperidad; agua estancada, enfermedad mortal; sacar agua corrompida, serán de larga duración vuestros sufrimientos, pero, si llega a agotarse o secarse, cesarán cuanto antes; echar el agua, peligros y pérdidas.
aguinaldos. Ofrecerlos, codicia; recibirlos, enredos.
agujas. Chismes y embrollos.
ahogado. Ganancias.
ahorcado. Pérdida de bienes a causa de un pleito.
aire. Si es puro, os guarda la felicidad; si denso, presagio de algún disgusto.
ajo. Ver o comer ajo, así como igualmente cualquier semilla de un olor pronunciado, es un pronóstico de riñas, o de la revelación de algún secreto.
albergue. Su vista anuncia el reposo; si se permanece en él, dicho reposo irá mezclado de desazones.

alcachofas. Verlas, secretos, pesares; comerlas, desgracias.
alegría. Temed al despertaros una mala noticia.
alfiler. Ligeras contiendas.
almanaque. Previsión de graves peligros; si se lleva, una conducta libertina.
almendra. Comer, obstáculos inesperados, pero no dejarán de superarse.
almorzar. Solos, avaricia; en compañía, largueza.
altar. Percibirlo, alegría; construido, pariente cercano a ordenarse; verlo derribado, melancolía.
ama de leche. Desazones.
amor. Ser esclavo, largos padecimientos; despreciado, triunfo; cortejar a una joven, prosperidad; a una linda mujer, alegría y desgracia; a una vieja, tribulaciones.
amigos. Reunión de jóvenes, reír con ellos, cercano rompimiento.
amputación. Verla practicar, pérdida de un amigo; ser el paciente, pérdida de bienes.
anciano. Sabiduría y consideración.
andar. Con paso apresurado, instrucción provechosa; retrocediendo, pérdida, mudanza y desazones; sobre piedras, sentimientos; sobre agua, prosperidades; con muletas, pobreza.
andrajos. Contemplarlos, vergüenza y miseria; revolverlos, grandísimos pesares.
anécdota. Referirla, murmuraciones; escucharlas, riñas.
aneurisma. Padecer una aneurisma, anuncio de fuertes desazones.
ángel. Noticia próspera; si se halla en pie a vuestro lado, os advierte que confeséis vuestra conducta.
animales. Alimentarlos, fortuna.
anteojos. Desgracia o melancolía.
antepasados. Recordarlos, desgracia de familia; verlos, disgustos promovidos por los parientes; hablarles, pleito entre cercanos.
antorcha. Encendida, recompensa; apagada, encierro.
aparición. De cualquier clase que sea, signo fatal.
apetito. Partida de parientes o de íntimos amigos.
apuesta. Perjudicial ligereza.
arado. Dirigido hacia el que sueña, indicio de felices empresas; en posición contraria, anuncio de obstáculos.

araña. Traición para el que las ve.

árbol. Copado, protección; con las ramas secas, pérdida inesperada; en flor, riqueza mayor o menor, según fuere el número de ellas; coger el fruto de un árbol viejo, herencia de nuestros abuelos; arrancarlos, desgracia.

arco iris. Visto por el Oriente, dicha para los pobres y enfermos; por el Occidente, sólo de feliz agüero para los ricos; si aparece sobre vuestra cabeza, temed la adversidad.

armas. Cortantes, disputas y enemistades; recibir, confiad en los hombres; gente armada, fatigas; si ésta os persigue, desazones.

arrendamientos. Firmar uno, perjudicial unión; extenderlo, vanos proyectos.

arroz. Abundancia.

artistas. Placeres.

arzobispo. Muerte.

ascensión. Efímera grandeza.

aserrar. Satisfacción.

asno. Verle correr, indicio de desgracia; detenerle, murmuraciones y calumnias; si rebuzna, desazones y perjuicios; si pace, tormentos.

astilleros. Poseerlos, abundancia y prosperidad.

atragantar. El que sueña que se le atraganta la comida, sufrirá una enfermedad originada por el abuso de los placeres.

aureola. Si cerca vuestra cabeza, buen presagio; si brilla en la testa de un rival o un enemigo, seréis vencido; si resplandece en el rostro de una mujer, procurad ser de ella amado.

ausente. Soñar con los que se hallan lejos, señal de que vuelven.

autopsia. Presenciarlas, negocios llenos de dificultades; practicarla, obstáculos insuperables.

autor. Contemplar a uno o muchos, pérdida metálica; soñar ser autor, miseria y vanidad.

avispas. Ser picado, pesadumbre.

ayunos. Locura en gastar.

azotar. A alguien, paz en los casados, y felicidad en el amor, a los otros.

B

badajo. Alegría y dinero.

baile. Alegría y dinero.

bajar. Tormento.

balanzas. Citación ante un juez.

balcón. Elevación peligrosa.

bancarrota. Negocios que se acercan a su término.

banco. Falsa promesa.

bandera. Presagio de dicha.

bandidos. Si os acometen, confiad en vuestras propias fuerzas; si los perseguís, temed algún accidente; si los contempláis, seguridad en vuestros negocios.

banquete. Placeres que conviene evitar.

baño. En agua clara, perfecta salud; en agua turbia, muerte de parientes o de amigos; contemplar uno, aflicción; tomar uno a una temperatura regular, placeres y prosperidad; sumergirse en un líquido demasiado caliente o demasiado frío, disgustos domésticos.

barba. El que sueña tener una barba larga, vivirá mucho tiempo; el que la ve muy negra, sufrirá desazones; el deshonor amenaza al que sueña con una rubia; el que se figura que le afeitan, se hallará sumido en los perjuicios; si se afeita él mismo, el tedio le atormentará.

barómetro. Mudanza perjudicial.

barrer. Su aposento, felicidad en los negocios; todo el piso, merecida confianza; una bodega, desgracia.

basura. Deshonra, por disoluto.

batalla. Ganada, imponderable presagio; pérdida, tristísimo agüero.

batirse. Con un perro, fidelidad; con un gato, traición; con una serpiente, triunfo.

baúl. Lleno, abundancia; vacío, miseria.

bebedores. Cercando una mesa, ganancia en los negocios; formar parte, cercano matrimonio.

beber. Agua fría, imponderables riquezas; caliente, enfermedad; tibia, disgustos.

bellotas. Pobreza.

bendecir. A alguien, aflicción pasajera; ser bendecido, alegría.

beneficio. Recibirlo de un hombre, sanos consejos; de una mujer, amistad; de un muchacho, desgracias; de una joven, aflicciones; ofrecerlo, ingratitud.

besar. La tierra, tristeza y humillación; las manos a una mujer, buena fortuna; darle un beso, temeridad seguida de un éxito feliz.

bestias. Verlas, desgracias y tribulaciones; ser perseguido, recibiréis mil agravios; batirse con ellas, penas inevitables.

Biblia. Verla, indica íntima alegría.

bien. Hacer, presagio de alegría; poseer alguno, anuncio de tristeza.

billete. Atento, presagio amoroso; de encierro, útil precaución; de casamiento, satisfacción; de aviso cualquiera, gastos infructuosos.

blanco. Se ve vestido de blanco, enfermedad.

boca. Grande, riqueza; pequeña, pobreza; fétida, desprecio y animadversión; sin dientes, próximo peligro de enfermedad o de muerte.

boda. Entierro.

bodega. Enfermedad y miseria.

bolsa. Llena, tormento o avaricia; vacía, bienestar o generosidad.

borceguíes. Nuevos, beneficios; viejos, pérdidas.

bordadura. Ambición.

bosque. Numerosas ocupaciones, pero de provecho dudoso.

botas. Nuevas, éxito en las empresas; viejas, cuestiones.

botella. Buen humor y diversiones; si fuere rota, tristeza.

brazo. Derecho amputado, muerte de un pariente; izquierdo, de una pariente; ambos a la vez, cautiverio o enfermedad; fracturados o enflaquecidos, aflicciones, pérdidas, viudez; hinchados, pronto enriquecimiento de una persona amada; musculoso, dicha, curación, libertad.

buey. Labrando, tranquilidad e inquietud; abrevando, señal funesta; sin cuernos, beneficios; gordo, cercana dicha; flaco, penuria; blanco, honores; negro, peligros.

bufete. Con gente sentada, falsa acusación; hallarse sentado en él y escribiendo, indudables beneficios.

buitre. Si vuela, muerte; si se mata, dicha.

bujía. Una sola ardiendo, alumbramiento feliz; muchas a la vez, muerte.
buñuelos. Hacerlos, intriga; comerlos, placeres sensuales.

C

caballo. Blanco, placer; negro, estorbo; si soñáis montar uno, alcanzaréis el logro de vuestras empresas; si caracoleáis acompañado de mujeres, recelad una perfidia; cabalgar acompañado de varios jinetes, ganancia cierta; rompe el freno, muerte.
cabellos. Negros, cortos y lanudos, desgracias; lisos, nuevas amistades; desgreñados, disgustos y ultrajes; si se caen, pérdida de un amigo; si os es imposible desenredarlos, largos pleitos y trabajos; si son canos, ahorrad el dinero, puesto que acaso tardéis mucho tiempo en recibir otro; una mujer calva, anuncia pobreza súbita; un hombre desprovisto de cabellos, mensaje de fortuna.
cabeza. Separada del tronco, libertad; blanca, alegría; pelada, falsedades; provista de cabellos, dignidades; la cortáis a alguien, descubriréis los lazos de vuestros enemigos; os decapitan, peligráis sufrir una fuerte enfermedad; tenéis una cabeza enorme, vuestros bienes raíces irán en aumento.
cabra. Blanca, ganancia; negra, desgracia.
cadalso. Fatal empleo.
cadáver. Fatal agüero.
cadenas. Arrastrarlas, melancolía y tristeza; romperlas, suceso feliz.
caderas. Abultadas, hijos hermosos; lánguidas, enfermedades.
caer. Si se levanta al momento de haber caído, se verá colmado de honores; de lo contrario, desgracia.
café. Pena y tribulaciones.
calabaza. Vana esperanza, curación de enfermedad.
calabozo. Entrar en uno, salud; permanecer en él, consuelo; salir, peligro.
caldero. Supuesto paso, que os perjudicará.
calentura. Desmesurada ambición.
calor. Tener calor, larga vida.

calzado. Ir bien calzado, honor y provecho; mal calzado, lo contrario.
camello. Riqueza.
camino. Seguir uno recto y trillado, signo de prosperidad; áspero y cenagoso, se tendrán que superar muchos obstáculos.
camisa. Próspero porvenir; llevar una camisa rasgada, buena fortuna.
campamento. Persecuciones; hallarse en él, engaño por falsos amigos.
campanario. Presagio de disgustos o de peligros.
campanas. Suceso inesperado para el que las escucha.
campanilla. Tribulaciones.
campiña. Viaje; habitarla, pérdida.
canario. Largo viaje.
canción. Escucharla, buena esperanza; entonar una, ilusiones frustradas.
cangrejos. Enredos, separación.
cantar. Si es hombre el que canta, esperanza; si es mujer, padecimientos.
cañón. Sorpresa o peligro.
capa. Dignidades.
capilla. Noticias de muerte; construirla, contento.
caracol. Honrosas comisiones.
carbones. Hechos ascuas, estratagemas; apagados, muerte.
cardenal. Rápido aumento.
cardo. El cortarlo, pereza; el punzarse presagia un insulto o una discordia.
carne. Si alguno sueña que su cuerpo aumenta en carnes, adquirirá grandes riquezas y gastará un lujo extremo en el vestir; si por el contrario enflaquece, en breve sus comodidades irán seguidas de la mortificación.
carretera. Verla, indisposición; subir o bajar de ella, público deshonor.
carrillos. Muy abultados y encendidos, buena señal; flacos y descoloridos, súbita desgracia.
carroza. Riquezas para el que va dentro; altos honores, si su tiro es de más de dos caballos.
cartas. Escribirlas o recibirlas, buenas noticias.

carteles. Fijarlos, afrenta; leerlos, trabajo inútil.

casa. Poseer una, miseria; verla arder, disipación de bienes; verla edificar, desgracia, enfermedad y muerte.

casamiento. Dicha pasajera; con una soltera, honores; reiterarlo con su mujer, provechos.

castaña. Cruda, resolución; cocida, debilidad; tostada, seguridad.

castillo. Descubrir alguno, feliz agüero; habitarle, falsa esperanza.

caza. Si cazáis, os han acusado de estafa; volvéis de caza, confiad en importantes beneficios.

cebollas. Comer o percibir su olor, revelación de cosas ocultas o contiendas domésticas.

celo. Demostrarlo por alguno, es más dañino que provechoso; estar poseído de ellos, signo de traición.

cementerio. Futura prosperidad.

cenagal. Meterse o caerse en él, indigencia.

cepillo. Penoso trabajo, pero provechoso.

cerebro. Sano, deseo y aptitud para aconsejar cual corresponde; enfermo, fatal de espíritu y de prudencia.

cerradura. Robo.

cerrajero. Pérdida ocasionada por descuido o negligencia.

cerveza. Fatiga sin provecho.

cesta. Aumento de familia.

cetro. Ver un cetro, indica una próxima desgracia.

charla. Soñáis estar charlando, tendréis intenciones perversas.

chocolate. Hacerlo o tomarlo, salud y satisfacción.

chorizos. Hacerlos, fuerte pasión.

chinches. Bochornos.

cicatriz. Abierta, generosidad; cerrada, ingratitud.

ciego. Creerse ciego, presagia un chasco o pérdida de un hijo; ver a un ciego, indicio de crimen.

cielo. Puro y sereno, cercano y dichoso, casamiento; rojizo, aumento de bienes; figurarse subir al cielo, altos honores.

cierva. Sola, satisfacción y provecho; con sus cervatillos, opulencia.

ciervo. Si lo descubrís, confiad en algún lucro; si le matáis, heredaréis.

cifras. Si no llegan a noventa, incertidumbre; si exceden, logro.

cigarro. Victoria para el que lo fuma; desgracia para el que lo apaga; confianza para el que lo enciende.
cigüeña. En verano, anuncia ladrones; en invierno, tempestad.
cintura. Ceñirla, abstinencia; soltarla, libertinaje.
ciprés. Desgracias.
ciruelas. Verlas, penas inútiles; comerlas, trampas mujeriles; podridas o pasada la estación, adversidades.
cisne. Blanco, riqueza; negro, fracaso de familia.
cisterna. Caer en ella, estad bien persuadido de que se os calumnia.
ciudad. Habitada, riqueza; incendiada, hambre; destruida, miseria.
código. Su presencia indica que evitéis un pleito que os amenaza.
cofre. Lleno, os invita a cuidar de vuestros intereses; vacío, os provendrá dinero.
cojear. Deshonra.
col. Desgracia y tedio.
cola. Deshonra; cola de caballo larga poblada, auxilio por parte de los amigos; cola desprendida o cortada del caballo, abandono.
cólera. Feliz suceso de un asunto desesperado.
coloquíntida. Esperanza y dolor.
cólico. Desazones domésticas.
coloso. Orgullo fatal para el que crea serlo; honores para el que da con uno; constante prosperidad para el que lo derriba.
columna. Si se desploma, predice la muerte de un gran personaje.
collar. Honores.
combate. Si se toma parte, estorbos en los negocios de importancia; apaciguar a los combatientes, desgracias de familia.
comedia. Tomar parte en ella, triste nueva; ser un mero espectador, logro en las empresas.
comer. Solo, avaricia; acompañado, largueza; sobre el césped, cólera; ensalada, enfermedad; raíces, discordia.
cometa. Su aparición, contiendas o peligros; su caída, miseria.
comezón. Os sobrevendrá dinero.
comida. Engaño; salada, enfermedad; dulce, favor; de carne asada, lucro, beneficios.
comisionado. Socorro y protección.

compras. Todas indican provecho.

conejo. Negro, desgracia; blanco, fortuna; completa salud si se come conejo.

confituras. Ventajas para el que sueña que las fabrica o bien se las come.

construir. Una casa, desgracia, enfermedad y muerte.

convulsiones. Quiebra fraudulenta de un deudor.

coraza. Vestir, ser prudente; quitársela, libre de peligro; verla, dificultades que vencer.

corazón. Afligido, peligrosa enfermedad; herido, daño para el marido, si es su mujer la que sueña, y por su padre, o su amante, si es una soltera.

cordero. Su presencia es emblema de consuelo; sus caricias dan origen a la esperanza; verlo pacer, dormir o morir, tristeza; traer uno en las espaldas, os sobrevendría alguna dicha; oírle hablar, dolor y pérdida.

corona. Verse una de oro en la cabeza, anuncia honores; una de plata, perfecta salud; una de ramas verdes, dignidades pasajeras.

correas. Ceñirlas, prudencia; quitarlas, estorbos.

correr. Con un amigo, victoria; ver a varios individuos correr unos detrás de otros, cuestiones; si son muchachos, dicha; si el que sueña que corre es mujer, caerá en una debilidad; si es un enfermo, que procure cuidarse; querer correr y no poder moverse, indisposiciones.

costillas. A pedazos, riñas entre esposos o parientes; robustas, felicidad de familia.

cristal. Amistad, aprecio o amor aparente.

cruz. Dicha y honor; al que la trae a cuestas, aflicción.

cuadro. De vivos colores, desgracia en el amor; obstáculos, temed una infidelidad.

cuba. Repleta de vino, dicha; de agua, muerte.

cuchillo. Injurias, disputas, riñas o infidelidad conyugal.

cuello. Honor, fortuna, sucesión si es largo; grueso y bien conformado, desgracia; vergüenza y miseria si es flaco e inclinado; ser cuellicorto, presagio de infortunio; tener en él un absceso, enfermedad; tres cabezas en un solo cuello, dignidades.

cuerno. En la cabeza de otro, peligro para el que sueña; en la suya propia, dominación.
cuerpo. Si es robusto, felicidades; si se cae, temed alguna mudanza; enteramente desnudo; honestidad.
cuervo. Su presencia hace temer el adulterio y precede a una desgracia.
cuna. De chiquillo, fecundidad; hecha de hierbas, zozobras.

D

dado. Pérdida de dinero.
damas. Jugar a ellas, rencillas con un amigo.
danza. Amistad y suerte.
desafío. Asistir a uno, enredo familiar o rivalidad de amigos; ser herido, fuertes desazones; ser muerto, divorcio o pérdida dc un amigo.
desertor. Noticia de una persona ausente.
desesperación. Experimentar una fuerte desesperación, inesperada alegría; ver que alguno se desespera, serás llamado para consolarle.
desnudo. Soñar correr desnudo, chasco de parientes o amigos; encontrarse con una persona desnuda, inicio ventajoso de negocio; ver una mujer desnuda, honor y alegría.
desobediencia. Toda señal o acto de desobediencia, indica la esclavitud que se sufrirá o que se experimenta.
desorden. Promoverlo, miseria; contemplarlo, disgusto.
destrozar. Logro, auxilio de vuestros amigos.
desvanecimiento. Dulce deleite.
día. Soñar ver la luz del día, pronóstico feliz.
diablo. Verle, noticia pérfida; batirse con él, daño inminente; derribarle, triunfo cierto; ser llamado por el diablo, desgracia; enfermedad o muerte para el que lo sueña.
diadema. Soñar ceñir una diadema, aguardar ilustres dignidades.
diamante. Aumento de fortuna.
diente. Si os arrancan un diente, presagio de afrenta; si en dicha operación fluye sangre, presagio de muerte; verse los dientes más hermosos de lo que son en realidad, iréis en aumento; si cae un diente, pérdida de uno de los parientes.

diligencia. Viajar en ella, retardos perjudiciales en los negocios; correr detrás, falta de trabajo por mucho tiempo; verla pasar, marcha de gentes que odiamos; vuelco, sin que se estropee, logro en las empresas.
dinero. Encontrado, tristeza y pérdida; perdido, felices negocios; verlo sin tocarlo, dolor y cólera; contar, provecho.
disputa. Entre mujeres, celos; de hombres, penas.
dolencia. Precaria salud, que reclama curiosos cuidados.
dromedario. Incalculables bienes; hallarse montado en él, cercana elevación; si es muerto, fatal nueva.
dulces. Engañosas felicidades.

E

ebrio. Soñar hallarse ebrio, salud y riqueza; haberse alterado con vino generoso, pronostica la amistad provechosa de un gran personaje; hallarse ebrio y vomitar, pérdida de bienes por la fuerza o por el fuego; ver a un hombre borracho, locura.
elefante. Ver uno, temor y peligro por las riquezas; darle de comer o de beber, poderosa protección; montarle, suceso feliz.
embarazo. Presagio de felices resultados.
empeine. Riqueza.
empresa. Soñar una gran empresa, recelad por la que tengáis entre manos.
ensalada. Comer, penas y dificultades en los negocios; enfermedad al que la come.
entierro. Soñar ser enterrado vivo, signo de larga miseria; acompañar a un muerto al sepulcro, puede confiar en una ventajosa unión.
entrañas. Descubiertas y palpitantes, buen pronóstico; verse uno mismo las suyas, triste nueva.
escalera. Subir, dignidades; bajar, tormentos.
escándalo. Suerte favorable.
escarola. Comer, disgustos y contrariedades en los negocios.
escribir. Una carta, noticias; un memorial, acusación.
esfuerzo. De cualquier clase que sea, indica un trabajo inútil.
esmeralda. Próspero porvenir.

espada. Traición para el que la ve; poder para el que la tiene.
espaldas. Verse las espaldas, desdicha y anticipada vejez; soñar que tiene fracturadas las espaldas o llenas de heridas, vuestros enemigos os dañarán o se reirán; tenerlas hinchadas, riqueza; magulladas, displicencia; carnosas, prosperidad.
espárragos. Verlos arrancados, triunfo en alguna empresa.
espectro. Desgracias considerables.
espejo. Traición.
espinas. Rencillas entre vecinos.
esponja. Avaricia y mala fe.
estatua. De mujer, corazón insensible; de hombre, tristeza; verla caminar o hacer movimientos, vuestro espíritu se hallará agitado por algún siniestro suceso.
estanque. De agua clara, amistad y reconocimiento; turbia, penas y engaños; con grandes peces, aumento de fortuna; si dichos peces son muertos, robo o quiebra.
estrellas. Brillantes, logro; pálidas, desgracias en una casa, peligro de muerte para uno de sus habitantes.

F

faisán. Salud y gloria.
falta. Cometer alguna, cuidad vuestros asuntos, si una persona que apreciáis la comete, depositad enteramente en ella toda confianza.
fantasma. Blanco, alegría y honores; negro, penas y trabajos.
fatiga. El que sueña experimentar una gran fatiga, aguarde una justa recompensa en sus trabajos.
féretro. Placeres costosos y funestos.
flauta. Cuestión y pérdida de pleito.
flores. Verlas, poseerlas o percibir su aroma en la estación correspondiente, amores y placeres; pero en tiempo irregular, si son blancas, obstáculos a vuestros proyectos; si amarillas, fatal logro en las empresas; si encarnadas, confiad; coger las flores, provecho; recibirlas, amor.
foso. Saltarle, indicio de salvarse de alguna maledicencia.

frente. Una hermosa frente, anuncio de espíritu; espaciosa, perjuicio y riqueza; verse la frente de cobre, bronce o acero, indicio de que se tiene un odio eterno para los enemigos; soñar hallarse herido en la frente, pérdida pecuniaria.
fresas. Inesperado lucro.
frutos. Todos anuncian el placer, si se hallan en sazón, y los disgustos, si están pasados.
fuego. Cólera y peligro; si produce llama, disipación; apagado, si una mujer lo enciende fácilmente, tendrá a su tiempo hermosos hijos; si os quemáis, fiebre.
fuente. De cristalinas aguas, alegría y provecho; turbias, pérdidas y tristezas; bebéis en ella con pena, pronóstico de un cambio de estado o de habitación; se agota su manantial, presagio de pobreza y muerte; fluye en abundancia, confiad ser rico y dichoso.
fusilar. Ver fusilar a alguien, suceso escandaloso.

G

gafas. Véase *anteojos*.
galopar. En un caballo negro, lazo de que os libraréis; en un caballo castaño, infructuoso trabajo; en uno blanco, fáciles placeres.
gallina. Que cacarea, fuertes disgustos; que pone, provecho; cercada de sus polluelos, pérdidas.
gallo. Su canto, noticia próspera.
ganados. Guardarlos, signo para los ricos de vergüenza y cuestiones familiares; para los pobres, consideraciones y beneficios.
ganancia. Lícita, confianza de dinero; ilícita, pérdida pecuniaria.
gato. Traición en vuestra familia o en vuestros amores; si se halla echado o dormido, no alcanzaréis más que a medias vuestros proyectos.
goces. ¿Soñáis ser dichoso? No tardaréis veinticuatro horas en experimentar disgustos.
gorra. Ponérsela, sed prudente en vuestros amorcillos; quitársela, secreto descubierto.
granada. Sazonada, cercana riqueza; verde, enfermedad y tristezas.

granja. Confianza para el que la ve; presagio feliz para el que en ella entra.

grosellas. Comerlas blancas, alegría y placeres; rojas, constancia; negras, término de una rabia efímera.

guante. El que sueña llevar buenos guantes, será feliz; si lo contrario, experimentará mil incomodidades.

guisado. Indigestión.

guisantes. Comerlos, dicha y rapidez en los asuntos.

guitarra. Protección amorosa para el que canta acompañándose con dicho instrumento.

H

hacha. Presagio funesto.

hada. Encuentro con una mujer que os seducirá y os dará que sentir.

hambre. Padecer, industria de seguido éxito.

harapos. Verse vestidos de ellos, término de un cruel tormento.

harina. Muerte en la vecindad.

herida. Producida por una espada, logro; por un desconocido, penas; curáis una herida, favores correspondidos con ingratitudes.

hierro. Signo fatal; rojo, efusión de sangre.

hígado. Enfermo, seco o quemado, fortuna y vida sin peligro; dar con el hígado de un animal cornudo, pronóstico de riqueza y herencias.

higos. Verlos durante la estación, dicha futura; en otra estación, sensibles penas; comerlos, seréis un malgastador; secos, se halla en peligro vuestra familia.

hijos. Pérfida proposición; verlos amamantar, grave enfermedad; pero caso de que la esposa del que sueña estuviera encinta, indica una quebrantada salud para el infante que dará a luz; si fuere una mujer la que sueña, le pronostica que parirá una niña o tendrá una contrariedad.

hilo. Miseria.

hoguera. Irreparables faltas.

hojas. Fatal pronóstico.

hongos. Próspera salud, larga vida.

hormigas. Abundancia.
horno. Indicio de comodidad, si está encendido; de indigencia si está apagado.
horquilla. Persecución.
huevos. Blancos, dicha; rotos, contiendas; frescos, buena noticia.

I

iglesia. Noticia de muerte.
iluminaciones. Regocijos; si van apagándose, lloros y cuidados.
incendio. Peligro mortal.
indigestión. Os invita a la sobriedad en la próxima comida.
infierno. Modere su conducta el que lo perciba.
inquietud. Sufrir invita a la confianza.
insomnio. Soñar hallarse en insomnio, próximas tribulaciones.
intestinos. Si salen de vuestro cuerpo, alguien se alejará de vuestra casa por alguna fuerte riña.

J

jabón. Negocios enredados.
jardín. Aumento de fortuna.
jaula. Sin pájaro, anuncia prisión; con él, libertad.
jinete. Su caída anuncia algún perjuicio.
juego. Pérdida de amigos; perder en el juego, cambio ventajoso de posición.
juguetes. Travesurillas que no dejarán de perjudicarnos, una mujer linda y joven, con la que seréis feliz.

L

labios. Encarnados, perfecta salud; pálidos, quebrantada.
lámpara. Encendida, pasiones y sufrimientos; apagada, prematura vejez.
látigo. Dar con él, desazones para sí mismo.
laurel. Logro, para los hombres; hijos para los casados; maridos, para las solteras.

leche. Amistad de su mujer.

lecho. Hallarse en cama, peligro; una cama bien arreglada, ventajosa posición.

leer. Favorable noticia.

león. Ver a un león, audiencia con un rey o alto personaje; batirse con un león, indicio de una cercana lucha con un enemigo temible; vencerle, indudable victoria; montar un león, protección respetable; comer carne de dicho animal, esperad altas dignidades; la piel del león, próxima opulencia.

leopardo. Daños varios; dicha y desgracia sucesiva.

liebre. Favorable adquisición.

ligas. Dolencia.

limón. Disgustos y adversidades.

limpiabotas. Cercano pleito.

lirio. Ver un lirio, percibir su aroma o poseerlo durante su correspondiente estación, feliz agüero; en tiempo irregular, vanas esperanzas.

llagas. Fatales negocios.

llanura. Ventajas.

llave. Perderla, inicio de cólera.

lluvia. Sin vientos, tempestades, etc., ganancia y provecho; si se deshace el cielo en agua, pesares, disgustos, daños y pérdidas.

lobo. Avaricia, perfidia, crueldad; si se sueña vencer a un lobo, domaréis a un enemigo que tiene todas las cualidades de dicho animal; ser mordidos por un lobo, un cruel enemigo os vencerá.

loco. Soñar ser loco, dicha y protección de los grandes, para el hombre; nacimiento de un hijo que llegará a hacerse célebre; para la mujer, cercano enlace para la soltera.

lodo. Caminar por el lodo, miseria; enlodarse, enfermedad.

luna. Verla, aplazamiento en los pagos; si fuere opaca, trae desgracias.

luz. Buen presagio; muchas a la vez, provecho.

M

madera. Verse el busto de madera, larga vida.

malva. Fin de tristezas y expedición en los negocios.

mano. Tener las manos más lindas de lo que es regular, logro en los negocios y amor en la familia; ver quemar, secar o cortar la mano, pronostica al hombre la pérdida de su más firme apoyo, y a la mujer, la de su marido o de la razón. Si alguien sueña que su mano ha disminuido de volumen, tema infidelidad y la cólera de los suyos; soñar que se trabaja con la mano derecha, signo de dicha; con la izquierda, infidelidad; tener muchas manos, dicha y poder; coger el fuego con la mano sin quemarse, se vencerán cuantos obstáculos se presenten; batir a alguien mano a mano, cabal acuerdo con su mujer y riña amorosa; si es soltero: contemplarse las manos, dolencias.

manteca. Comerla, alegría mezclada de disgustos.

manteles. Limpios, orden y buena conducta; sucios, desorden y perjudicial comportamiento.

mar. En calma, auxilio de parientes; alborotado, peligro.

marfil. Pensamiento de joven mujer.

mariposa. Inconstancia.

marisco. Vacío, pérdida metálica o de tiempo; lleno, cercano logro.

mármol. Riña o contienda.

matadero. Encontrarse en un matadero desprovisto, indica un peligro del que nos afligiremos sin razón; ver matar en él algunos animales, caso que fluya sangre en abundancia, feliz pronóstico.

medias. De algodón o de hilo, mediana fortuna; de seda, pobreza; si se las quita, dinero que recibir.

mejorana. Ver, poseer o percibir su olor, labor y tristeza.

melón. Vanas esperanzas, curación de enfermedad.

miedo. Tener miedo, debe procurar el descanso; promoverlo, invita a tener ánimo en una próxima ocasión.

miel. Placer y prosperidad.

mieses. Prosperidad en el comercio.

mirto. Declaración amorosa.

molino. Parado, vida nocturna y triste; en movimiento, existencia feliz.

mondadientes. Fatal presagio.

moneda. De oro, mortificación; de cobre, rápida fortuna; de plata, bienestar.
mono. Ratería.
montaña. Largo viaje.
morcilla. Hacerla, pena; comerla, inesperada visita.
mordedura. Tristeza y celos.
morir. Verse agonizando, indicio de un próximo abandono.
mostaza. Para los que sean médicos, fatal agüero.
muerte. Del hijo, logro; de parientes o de amigos, unión o nacimiento; abrazar a un muerto, viviréis largo tiempo; un muerto os tira del vestido, amenaza una fuerte enfermedad; un muerto en un ataúd, indigestión; presenciáis la muerte de un anciano, no tardaréis en llorar la de un pariente.
mujeres. Ver una mujer, dolencia; muchas a la vez, calumnia; una rubia, feliz suceso; una morena, enfermedad; embarazada, noticia favorable; desnuda, muerte de algún pariente.
mulato. Ver a un mulato, gloria y dicha; a una mulata, peligrosa enfermedad.
mulo. Malicias y tribulaciones.
murciélago. Negro, aflicción; blanco, regocijo.
muros. Cuestiones familiares.
música. Consuelo.

N

nalgas. Verse las propias, infamia; las de una mujer, lujuria.
naranja. Herida y dolor.
navío. Hallarse en él, si el mar se halla tranquilo, alegría y seguridad en los negocios, y lo contrario, si agitado.
negocios. Hallarse abrumado por los negocios, felicidad inesperada; salirse bien, contrato matrimonial; ir mal los negocios, pronóstico de algún cambio favorable.
nido. Encontrar un nido de pajarillos, aumento de familia de orugas, disgustos.
nubes. Discordias.

nueces. Disensiones y dificultades.
números. Soñar, sin recordarlos, fracaso.

O

odio. Odiar en sueños a alguna persona, ésta os aborrece.
ojos. Bellos, alegría; enfermos, faltas de las que no dejará de arrepentirse; amorosos, infidelidad de mujer; salidos, daño propio, o para la familia; cerrados, justa desconfianza.
olivar. Maridos para las solteras, hijos para las casadas; fortuna para los hombres.
ombligos. Peligro, lazos, acusación.
operación. Verla practicar, pérdida de amigo; sufrirla, pérdida de bienes.
organillo. Tocar o ver tocar un organillo, fallecimiento de un pariente.
orinar. A la pared, felices negocios; en una cama, retardo de dinero.
oro. Signo de inútil ambición.
orines. Buena suerte.
ortigas. Traición.
osamentas. Travesía e inevitables disgustos.
oso. Persecución; si os embiste, logro para el que sólo lo ve correr.

P

paja. Recogida, abundancia; desparramada, miseria.
pájaros. Alegría y provecho; cogerlos, desazones; matarlos, desgracia; perseguirlos, lazos que os arman vuestros enemigos; si se os aproximan volando, temed alguna quiebra; cantan, feliz éxito; pájaro de noche o de rapiña es de fatal agüero.
palangana. Llena, dinero; vacía, deudas.
palmeras. Casamiento para las solteras; logro y dignidades para los hombres.
palo. Poseerlo, tristeza; apoyarse en él, dolencia; dar de palos, beneficios.
palomas. Amores y placeres castos.

pan. Comer pan blanco, provecho para el rico; pan moreno, lucro para el pobre y pérdidas para el rico; comer pan de cebada, salud.

pantano. Trabajo y pobreza.

paraguas. Prosperidad momentánea.

paraíso. Castos placeres.

pared. Si os impide el paso, sensibles penas; si la vencéis, regocijos.

párpados. Abiertos, aprecio general; y lo contrario siestán cerrados.

parral. Abundancia.

partes sexuales. Tenerlas sanas, gozan de salud los parientes, y alcanzaréis nuevos bienes; enfermas, predice lo contrario; tener dichas partes mayores y más vigorosas que los demás, presagia fama, fortaleza.

parto. Asistir a un parto, cercana fortuna; si una mujer sin estar embarazada soñase dar a luz una niña, placeres entremezclados de dolores.

pastor. Su aparición predice que veléis vuestros intereses.

pavo. Perversidad de pariente o de amigo.

pavo real. El hombre al que se le aparezca dicha ave tendrá una linda esposa, la mujer un buen marido y los casados hermosos hijos.

peces. Abundancia, si fueran grandes; si pequeños, escasez para el que los viere pescar; ser comido por los peces, fluxión, catarro, melancolía; ver o encontrar a los peces muertos, vanas esperanzas.

pecho. Tener un pecho conformado, salud; velludo, lucro para el hombre, pérdida de marido para la mujer.

peinar. Signo peligroso.

peine. Pleito y chasco.

peligro. Correr, feliz suceso; evitarlo, fundada desconfianza.

peras. Sazonadas, regocijo y placeres; ácidas o silvestres, lo contrario.

perdiz. Amorcillos.

peregrino. Viaje.

perfumes o **armas.** Licenciosos placeres.

perla. Tristeza.

perro. Emblema de fidelidad; si duerme, no temáis; si gruñe a vuestros pies, dolencias que ocasionan dispendios; riñe con algún perro, temed algún lazo; ante un gato, tendréis disputas.

pescar. Con caña, pobreza; con redes, mudanza de tiempo.

piedras. Desazones.

piernas. Vigorosas y bien conformadas, salud y dicha; hinchadas o ulceradas, desazones y perjuicios.

pino. Pereza y dejadez.

piojo. Dinero.

pisar. El suelo, felices negocios; una cama, dilación de pago.

plata labrada. Comprar, desgracia; vender, logros.

pobres. Desazones domésticas.

pordiosero. Serlo uno, confianza de ser dichoso; ver muchos, enfermedad.

postres. Placeres dispendiosos y funestos.

pozos. De agua cristalina, buen caudal; turbia, considerables pérdidas; sacar agua, casamiento por la dote; caer en alguno, injurias y humillaciones.

puente. Pasar por un puente, trabajo; si fuere de madera, miedo; caer de un puente, pérdida de la razón.

puerco. Ocioso que vive a costa vuestra.

puerta. Arresto o afrenta.

puerro. Revelación de cosas sagradas o cuestiones familiares.

puerto. Buena noticia.

pulgas. Disgustos; reunidas con chinches, piojos, sabandijas y otros bichos, dinero.

pulmón. Enfermo o herido, daños varios; sano y voluminoso, amparo y salud.

puñal. Noticias de personas ausentes.

Q

quemar. Ver quemar o arder, en sueños, uno o muchos edificios con viva llama, sin que se consuman, significa para los pobres que heredarán de los ricos; y a éstos que aumentará su fortuna; pero si los edificios sucumbieran a las llamas, denota lo contrario.

querella. Constancia y amistad; de hombre, celos, y de mujer, tormentos; entre hombre y mujer, próximo amor.

R

ramillete. Aceptarlo, gozo pasajero, amores.
rapto. Proposición de enlace.
ratones. Enemigos ocultos y pérfidos.
rayo. Discordia.
regocijos. Alegría.
relámpago. Pronostica la pérdida de bienes, o la muerte.
remos. Encontrarse en una embarcación y remar, estorbos y fatigas; romper un remo, peligro de muerte; ver bogar a los demás, buena noticia.
retrato. Larga vida para la persona retratada; traición para el que lo acepta.
riachuelo. De agua cristalina, empleo lucrativo y honorífico; turbia, desazones domésticas por los enemigos; de agua limpia y que fluye en abundancia, curación de enfermedades.
riña. Promovida entre dos amantes, casamiento feliz; entre amigos, pérdida metálica.
río. Nadar en él, próximo daño; encontrarse en un impetuoso río y no poderse libertar, peligros, enfermedades y pleitos interminables; ver un río apacible y poco caudalosos, posesión de una linda mujer, o logro de sus anhelos; un río transparente recorre vuestra habitación, poderoso protector; su agua es turbia, querella y desórdenes.
roble. Riqueza y longanimidad.
rocas. Encontrarse en la cima de un peñasco, preparaos para muchas penas; os es imposible descender, pérdida de pariente o amigo.
rosas. Ver, poseer o percibir su olor en su correspondiente estación, buena señal, excepto para los enfermos.
rueca. Pobreza.
ruido. Percibirlo, alegría; producirlo, vanidad castigada.

S

sacerdote. Ver en sueños a alguno, enfermedad.
saco. De moneda, buena suerte; de trigo; bienestar; de cualquier otra cosa, desesperada empresa.

sala. Tristeza.
salteadores. Perderéis algún pariente.
salto. Persecución.
salvia. Ver, poseer o percibir su olor, trabajo y tristeza.
sangre. Dolor, ver sus propia sangre, herencia; perderla, penas.
sardinas. Cuestiones internas.
sastre. Pérdidas que no dejarán de reiterarse.
sed. Ambición desatendida.
seda. Presagio de opulencia.
seno. De una nodriza, matrimonio; de una novia, parto feliz; de una joven, dinero, dicha y placeres; enfermo, mal signo.
sermón. Beneficencia, amabilidad.
sesos. Comerlos, cercana enfermedad.
sexo. Los órganos de ambos sexos, feliz agüero.
sillón. Empleo honorífico.
sol. En Oriente, feliz nueva; en Occidente, fatal pronóstico; cubierto, daño personal; resplandeciente, gloria; rojo, contrarios negocios; ver a la vez el sol y la luna, sangrienta guerra.
sombrero. Roto o sucio, deshonor y compasión; nuevo, alegría, fortuna.
sortija. Aceptarla, amistad; ofrecerla, confianza.

T

taberna. Hallarse en ella con los amigos, alegría y consuelo; encontrarse solo, disgustos y vergüenza.
tapicería. Fabricarla, alegría sin provecho.
té. Efímera tristeza.
techo. Pérfida y seductora inclinación; correr por el techo, amenaza un peligro; caer, cercana catástrofe.
tempestad. Ultraje, inminente peligro.
tenedor. Parásitos.
tenazas. Persecución.
terciopelo. Riqueza.
terremoto. Ruina o muerte.

tierra. Fértil, linda y virtuosa consorte; árida, esposa terca y regañona; espaciosa, placer y riqueza; sembrada de trigo, trabajo provechoso.
tigre. Odio; si le derriba, suceso.
tijeras. Disensiones entre amantes; riñas de casados; estorbos en los negocios.
tocador. Verse en el tocador, pronóstico de peligro inminente.
toneles. Riqueza, abundancia.
torno. Esclavitud.
torrente. Fatal agüero.
tórtola. Convenio entre esposos; unión para los solteros.
tortuga. Se para entre nosotros, tenemos secretos enemigos; comer tortuga, promoción de disgustos para no lograr nada.
toro. Envidiable posición.
trigo. En una espaciosa era, ventajoso enlace; segado, fortuna por el comercio.
tumba. Peligro y adversidad.
túnica. Miseria para el que la viste.

U

uñas. Muy crecidas, provecho; muy cortas, pérdida; arrancarse las uñas, peligro de muerte.
uvas. Felices distracciones.

V

vajilla. De estaño, barro o porcelana, existencia quieta y feliz.
valija. Llena, cuidad vuestros intereses; vacía, guardad dinero.
veleta. Fatal volubilidad.
velo. Fingida modestia.
vello. Signo de opulencia.
venablo. Arrojarlo, fatigosa carrera; ser herido, logro próximo de un asunto difícil.
venganza. Pleito ruinoso.

venta. Beneficio momentáneo.

ventana. Arrojarse por la ventana, pérdida de pleito; deslizarse por la misma, temed una quiebra; una ventana abierta, protección con los grandes; cerrada, obstáculos.

verdugo. Catástrofe.

vestido. Sucio o despreciado, pasajero desprecio; elegante, aprecio no muy provechoso; de varios colores, desazones.

viaje. A pie, perjudiciales e insuperables obstáculos; a caballo, fortuna próspera; en carruaje, buena ventura; viajar armado, elección de esposa.

viento. Angustias.

vientre. Abultado, buen presagio; flojo, obstáculos; de mujer, unión ilícita; de hombre, amor mal correspondido.

viña. Fecundidad.

violeta. En su correspondiente estación, alcance amoroso; fuera de ella, pérdida de bienes.

violín. Percibir su sonido, concordia en un enlace; tocar el violín, fatal proyecto; verlo abandonado, tristeza efímera.

virgen. Alegría inocente.

visitas. Recibirlas, trabajos imprevistos; hacerlas, notable perjuicio.

Y

yedra. Franca amistad.

Z

zapatos. Nuevos, ganancias; perderlos, pobreza inevitable.

zarzal. Esconderse en un zarzal, peligro.

zodíaco. Contemplar alguno de sus doce signos, feliz agüero.

ÍNDICE